Alles Feiern hat seine Zeit

Wolfgang Tripp (Hrsg.)

Alles Feiern hat seine Zeit

Werktagsgottesdienste

Schwabenverlag

Umschlaggestaltung: Ronald Parusel, Mössingen
Umschlagmotiv: Jahreskreis, Andreas Felger 1990
Satz: Schwabenverlag AG, Ostfildern
Druck und Bindearbeiten: Hirrlinger Druck, Reutlingen
Printed in Germany

ISBN 3-7966-0709-8

Inhalt

Geistliche Einbrüche – Pfingstnovene

Jesu Herz-schlag: die Seligpreisungen – Herz-Jesu-Freitage

All-tägliche Bewegungen – Unterm Jahr

Vorwort

Der Beirat der Predigtzeitschrift »*Dienst am Wort*« hat es sich zur Aufgabe gemacht, neben der Herausgabe dieser »Gedanken zur Sonntagspredigt« regelmäßig pastoralliturgische Arbeitshilfen zu erstellen, die Hilfen für Predigt und Gottesdienstgestaltung bieten möchten. So erschienen in den vergangenen Jahren »Taufansprachen«, »Bußgottesdienste«, »Beerdigungs-« und »Trauungsansprachen«.
Zusammen mit zehn Kollegen, die alle erfahrene Gemeindeseelsorger sind, habe ich diese Sammlung von Anregungen und Impulsen zur Gestaltung werktäglicher Wortgottesdienste und Eucharistiefeiern zusammengestellt.
Nach der Erfahrung der Autoren bieten gerade Werktagsgottesdienste, die oft eine konstante Gottesdienstgemeinde haben, die Chance, Themen, Zusammenhänge, Einstellungen, Haltungen und Gestalten des Kirchenjahres aufzugreifen und mit ihrer Hilfe All-Tägliches und Nicht-All-Tägliches zu deuten und zu feiern.
Diese Werktagsgottesdienste, die unterschiedlich angekündigt werden als »Pause für Gott«, als »Hausfrauenmessen«, als »Seniorenmessen«, als »Werktagsfeiern«, als »Unterbrechungen mit Gott« . . . und die unterschiedlich gefeiert werden als Wortgottesdienste, Andachten, Gebetszeiten, Eucharistiefeiern . . ., sind Orte und Gelegenheiten, die oft noch zu große Kluft zwischen Werktag und Sonntag, zwischen Gottes- und Weltdienst, zwischen heilig und profan zu schließen und Brücken zu bauen für christliche Haltungen, die sich an der Predigt und am Tun Jesu orientieren: an seinem Dienst und an seiner Sendung zur Heiligung der Welt.
»Werkstattcharakter« hat diese Sammlung – sowohl von der Auswahl der Themen als auch von der Darstellung der einzel-

nen Vorlagen. Es sind keine »Modelle«, die einfach vervielfältigt werden könnten. Das hätte dem Buch die Farbigkeit, Lebendigkeit und die Originalität der unterschiedlichen Anlässe, Orte und persönlichen Prägungen genommen. Vielmehr wollen die Autoren etwas Einblick geben in ihre »Werkstatt«, in der sie zusammen mit anderen immer wieder versuchen, zur Sprache, ins Gebet und in den Lobpreis zu bringen, was der Titel dieser Veröffentlichung ankündigt: »Alles Feiern hat seine Zeit«.
Die ersten zwei Kapitel bieten Anregungen für Gottesdienste während der Advents- und Fastenzeit. »Geistliche Einbrüche« sind Impulse, die leider etwas stiefmütterlich behandelte »Pfingstnovene« wieder stärker in die Feiern der Gemeindegottesdienste zu verankern und so der Vorbereitungszeit auf den »Kirchengeburtstag« hin ein größeres Gewicht zu geben. Diese Vorlagen eignen sich auch gut als Gestaltungselemente für Früh- oder Spätschichten oder eine andere günstige neuntägige Gebetszeit.
Die Idee, für Herz-Jesu-Freitage etwas anzubieten, kam aus der Erfahrung, daß sich viele mit diesen Gedenktagen nicht leicht tun und andererseits diese Freitage eine gute Gelegenheit sind, werktags Gottesdienst zu feiern, zumal die Herz-Jesu-Freitage in der Volksfrömmigkeit – Gott sei Dank – immer noch einen Stellenwert haben, der sich nach Meinung des Herausgebers lohnt, gepflegt zu werden.
»All-tägliche Bewegungen« und »Nicht all-täglich« greifen unterschiedliche Themen und Anlässe auf, die sicher zufällig sind, die aber gerade dadurch anregen wollen, andere »Bewegungen« und »Anlässe« aufzuspüren, die in der jeweiligen Situation der Gemeinden und Gruppen »ins Gebet nehmen« können, was Menschen bewegt, bedrückt, zusammenführt, erleichtert und bestärkt.
Vielleicht kann diese Arbeitshilfe mancher oder manchem, die gelegentlich stöhnen, daß »man schon wieder eine Idee« braucht, die Freude am »Spinnen« wecken, und ich wünsche mir, daß durch diese Sammlung alle, die mit ihr arbeiten, etwas mehr Zeit zum Feiern haben.

Esslingen, im Juli 1992 *Wolfgang Tripp*

Gedanken zum Titelbild
»Jahreskreis« von Andreas Felger
nach Kohelet 3,1–15

alles feiern hat seine zeit

alles
alles?
wirklich alles?
alle und alles?
von vorne bis hinten?
von oben bis unten?
schwarz und weiß?
gelb, blau, rot und grün?
von anfang bis ende?
von links nach rechts?
von januar bis dezember?
von frühjahr bis winter?
von geburt bis tod?
alles?
alles

alles hat seine stunde
für jedes geschehen
unter dem himmel
gibt es eine bestimmte zeit

feiern
tanzen und sich bewegen
zusammen und allein
farbig und bunt
von innen nach außen
schwingen und fliegen
kreisen und anhalten
verbunden und selbständig
umfangen und frei
endlos und begrenzt
ernst und heiter
mit ecken und kanten
einmalig und einzigartig
kommen und gehen
danken und loben
feiern

seine zeit
tag und nacht
sekunden und minuten
tage und jahre
aufstehen und niederliegen
zeitlich und ewig
klein und groß
jung und alt
kommen und gehen
sonne und mond
werden und vergehen
ursprung und ziel
gegenwart und vergangenheit
zukunft
seine zeit

gott hat das alles
zu seiner zeit
auf vollkommene weise getan
alles hat seine stunde

halleluja
jetzt erkannte ich:
es gibt kein in allem tun
gründendes glück
es sei denn ein jeder freut sich
und so verschafft er sich glück
während er noch lebt
auch das ist ein geschenk gottes
alles was gott tut
geschieht in ewigkeit
was auch immer geschehen ist
war schon vorher da
und was geschehen soll
ist schon geschehen
und gott wird das verjagte wieder suchen
halleluja

Wolfgang Tripp

Adventliche Einstellungen

Advent

Sehen

BEGRÜSSUNG UND EINFÜHRUNG

Die Adventszeit bringt etwas in uns zum Klingen, das sonst leicht übertönt wird vom täglichen Betrieb: die Sehnsucht, daß nicht alles so bleiben muß, wie es ist; die Hoffnung auf ganzheitliches, befreites Leben.
Nicht darum wird es gehen, nun alles mögliche Zusätzliche zu tun, um den Advent zu einer erfüllten Zeit zu »machen«. Eher darum, wegzuräumen, was uns den Blick verstellt; innezuhalten, um zu entdecken, wo Gott schon längst am Werk ist in meinem Leben; die Augen zu öffnen, wo ER ankommen will.

KYRIE-RUF

Herr Jesus Christus, der du dem Blinden die Augen geöffnet hast.
Herr, erbarme dich.

Herr Jesus Christus, der du das Kleine und Unscheinbare beachten lehrst.
Christus, erbarme dich.

Herr Jesus Christus, der du uns hilfst, mit dem Herzen zu sehen.
Herr, erbarme dich.

LIEDVORSCHLÄGE

GL 106,1.4 »Kündet allen in der Not« (Herrlich werdet ihr ihn schauen« – »Blinde schaun zum Licht empor«)

GL 110 »Wachet auf, ruft uns die Stimme« (»Kein Aug hat je gespürt«)

GL 170 »Lehre uns, Herr, deinen Willen zu tun« (»Du öffnest den Blinden die Augen«)

GL 289 »Herr, deine Güt ist unbegrenzt« (»In deinem Licht schaun wir das Licht«)

GL 493 »Lob sei dem Herrn« (»Kostet und seht«)

GL 528,5 »Wohl euch, die ihr seht« mit Choralbuch 528,5

SCHRIFTTEXTE

Lesung: Jes 11,1–10

Evangelium: Lk 10,21–24

AUSLEGUNG

»Ich seh etwas, was du nicht siehst«, wir kennen dieses Spiel aus Kindertagen. Auch wenn man gute Augen hat und den Augenarzt nicht braucht, ist noch nicht gesagt, daß man gut sieht.
»Selig, die sehen, was ihr seht!« sagt Jesus im Evangelium. Um ein neues Sehen also geht es – vor allem in diesen Adventstagen. Nicht darum, sich möglichst viele geistliche Übungen aufzuerlegen, damit der Advent »ausgefüllt« wird, sondern zuerst einmal innezuhalten und die Augen zu öffnen für das, was Gott wirken will, ja schon wirkt in meinem Leben.
»Ich sage euch: Viele Propheten und Könige wollten sehen, was ihr seht und haben es nicht gesehen ... Selig, die sehen, was ihr seht!« Was gibt es da für uns zu sehen?
Jesaja »sieht« das Reis, das aus dem toten Baumstumpf hervortreibt. Ist das nur eine Zukunftsvision?
Jesus will uns die Augen öffnen, wo das hier und heute schon geschieht: Advent Gottes, Ankunft Gottes – nicht mit Pauken und Trompeten, sondern im Kleinen, Unauffälligen. Wer sieht schon das kleine Reis, das aus dem morschen Stumpf bricht? Aber es geschieht, auch mitten in unserem Leben:

- Ein kleines Kind bringt Stumme im Zugabteil zum Lächeln, zum Reden, ins Gespräch.

– Ein versöhnendes Wort bricht plötzlich das Eis.
– Eine ausländische Familie versorgt ohne Umstände die alte Frau im Haus.
– Ich fühle mich wie zerrieben von den vielen Aufgaben und weiß nicht, wie ich Ruhe finden soll – da gibt mir ein ermutigendes Wort neue Kraft ...:

Junge Triebe aus dem scheinbar toten Stumpf – gerade an den Stellen, wo ich mich nicht stark, sondern schwach fühle, bedürftig, gerade da entdecke ich oft, wie Gott mir nahe ist, mich tröstet und befreit.

Ja, die Vision des Jesaja ist nicht bloß Zukunftsmusik, sie hat schon begonnen, Wirklichkeit zu werden: wo Menschen sich bücken, um die kleinen Triebe zu sehen; wo sie nicht auf den großen Erfolg aus sind (der mag sich einstellen, wann Gott es will!), sondern auf die kleinen Schritte setzen.

Gottes Advent sucht nicht die Stolzen, nicht die Gewalttätigen, die die Dinge übers Knie brechen wollen, nicht die Gescheiten, die es besser wissen und anderen voraus sein wollen – er sucht Menschen, die sich ihm öffnen, er sucht jede und jeden von uns.

Herr, öffne uns die Augen für dein Kommen in unser Leben, in unsere Welt hier und heute!

FÜRBITTEN

Jesus Christus, mit dir hat das Reich Gottes Fuß gefaßt in dieser Welt. Du rufst uns auf deinen Weg, damit Gottes Reich Kreise zieht. Wir bitten:

– Wo wir nur unsere Sorgen sehen und übersehen, was uns geschenkt ist.
  (Öffne uns die Augen.)

– Wo mitten unter uns im kleinen Gottes Reich wächst.

– Wo Menschen unbeachtet Gutes tun.

– Wo Trauernde und Niedergeschlagene auf ein Wort der Ermutigung warten.

Durch dich preisen wir den Vater im Heiligen Geist.

Thomas Keller

Hören

BEGRÜSSUNG UND EINFÜHRUNG

Stille wird uns empfohlen im Advent. Und wir sehnen uns ja auch danach, zur Ruhe zu kommen. Aber wir spüren auch, daß es eine richtige Umkehr bedeutet, Stille zu suchen und auszuhalten und wieder die leisen Töne zu hören: das, was im Lärm, der auf uns eindringt oder den wir selber machen, untergeht. Daß wir wieder hörende Menschen werden, darum wollen wir den Herrn bitten in diesen Adventstagen.

KYRIE-RUF

Herr, in dem Lärm unserer Tage tun wir uns schwer, deine Stimme zu hören.
Alle: Herr, gib uns Mut zum Hören auf das, was du uns sagst. Wir danken dir, daß du es mit uns wagst (GL 521,1)

Herr, dein Wort ist Licht für unseren Weg.
Alle: Herr, gib uns Mut ... (GL 521,1)

Herr, deine Weisung befreit zum Leben.
Alle: Herr, gib uns Mut ... (GL 521,1)

LIEDVORSCHLÄGE

GL 106 »Kündet allen in der Not« (»Tauben öffnet sich das Ohr«)

GL 301 »Herr, deine Güte reicht« (»Hilf mir, dich hören«)

GL 505 »Du hast uns, Herr, gerufen«

GL 520 »Liebster Jesu, wir sind hier«

GL 623 »Worauf sollen wir hören«

GL 644,2 »Weck die tote Christenheit«

GL 708/1 »Wohl dem Menschen, der Gottes Wege geht« mit GL 708/2 Psalm 1

SCHRIFTTEXTE

Lesung: Jes 48,17–19

Evangelium: Mt 11,16–19

AUSLEGUNG

Sie sprechen mit jemandem, aber sie spüren ganz genau, daß der andere gar nicht zuhört. Man fühlt sich verschaukelt, nicht ernst genommen, zurückgestoßen. Zuhören können gehört zum wichtigsten in der Beziehung von Mensch zu Mensch. Viel menschliche Not wäre behoben, wenn eine und einer offene Ohren fände.

Aber: wirklich zuhören ist eine Kunst. Sie fordert heraus aus dem eigenen Denkgebäude, aus den eigenen Sorgen. Wie oft kommt der Vorwurf von Eltern: Was haben wir alles für dich getan – und das ist der Dank! Alles für den anderen tun ist oft leichter als aufeinander hören: die Alten auf die Jungen, die Jungen auf die Alten ...

Es ist eben viel einfacher, wenn die anderen nach unserer Pfeife tanzen; dann brauchen wir uns nicht zu bewegen. So – sagt Jesus im Evangelium – hättet ihr, diese Generation, es auch gern mit Gott: daß *Er* auf *uns* hört! Ihr gleicht Kindern, die auf dem Marktplatz sitzen und den anderen Kindern zurufen: Wir haben für euch Flöte gespielt, und ihr habt nicht getanzt. Wir haben Klagelieder gesungen, und ihr habt nicht geweint! Es wäre uns eben recht, wenn auch Gott nach unserer Pfeife tanzt. Er kann es uns nie recht machen. Er läßt sich nicht in unsere Pläne einpassen. Und wir merken oft gar nicht, wie sehr wir in unserem Dreh und Trott gefangen sind.

Hättest du doch auf meine Gebote, meine Weisungen geachtet – ruft der Prophet uns zu. Gottes Weisung ist kein fremdes Gesetz,

dem wir blind zu gehorchen hätten, sondern das Wort des Lebens. »Dein Wort ist meinem Fuß eine Leuchte«, sagt der Psalmbeter (Ps 119).
Lassen wir uns in diesen Tagen des Advent das Wort Gottes neu sagen. Es kann uns verändern, herausreißen aus unserem Sorgendreh. Und lassen wir uns in dieser Zeit ein auf Gespräche, auf die Kunst des Zuhörens. Vielleicht wäre es die beste Weihnachtsvorbereitung, einem Menschen wieder neu Gehör zu schenken und auf die leisen Töne zu achten. Und wir werden entdecken, daß Gott uns selber darin anspricht.

FÜRBITTEN

Gott, unser Vater, du siehst unsere Not und hörst unser Bitten. Wir rufen zu dir:

- Für die Völker und Gruppen, die sich in Haß und Feindschaft gegenüberstehen: Stifte ein neues Verstehen über alle Grenzen hinweg.
  (Erhöre uns, Herr.)

- Für alle, die deine Botschaft verkünden und auslegen sollen: Mach sie bereit zu hören, bevor sie reden.

- Für jung und alt, für Eltern und Kinder – und für jede und jeden von uns: Gib uns ein hörendes Herz füreinander.

Denn du hast Worte ewigen Lebens. Dich preisen wir durch Jesus Christus, unseren Herrn.

Thomas Keller

Sich helfen lassen

BEGRÜSSUNG UND EINFÜHRUNG

»Gott schenkt uns seinen Sohn« – singen wir an Weihnachten. Und wir greifen diese Botschaft auf, indem wir einander beschenken. Die Vorbereitung der Geschenke gehört so auch zur Adventszeit. Und nicht wenig Mühe kostet es uns, das Richtige zu schenken ...
Und doch fällt es oft schwerer, sich beschenken zu lassen, als zu schenken. Wir möchten ja nichts »schuldig bleiben«. Noch wichtiger als alle Geschenk-Aktivitäten ist es im Advent, wieder sehen zu lernen, daß wir alle bedürftig sind und auf Liebe und Entgegenkommen angewiesen. Advent – Ankunft Gottes kann nur geschehen, wenn wir ihn ankommen lassen.

KYRIE-RUF

Hebet, Tore, eure Häupter ... (GL 118,1)

V: Nun freue sich die ganze Kirche!
Erscheinen wird in der Welt Gottes eingeborner Sohn, den die Propheten verkünden.
Hebet Tore, eure Häupter ...

V: In seiner Ankunft laß die Fülle des Friedens aufstrahlen!
Es erhebe sich die Erde, vom Tau des Himmels übergossen!
Froh weihe sie dem Erretter Opfergaben in Fülle!
Hebet, Tore, eure Häupter ...

V: Allmächtiger, du heißest uns das rechte Tor durchschreiten und dem Herrn, dem Gesalbten, den Weg bereiten.

Allherrscher, unsichtbarer Gott!
Verscheuche die Finsternis dieser Welt
durch deines Lichtes Ankunft!

Hebet, Tore, eure Häupter ...

(Adventsgebet des Rotulus von Ravenna)

LIEDVORSCHLÄGE

GL 104 »Tauet, Himmel, aus den Höhn«

GL 105 »O Heiland, reiß die Himmel auf«

GL 111 »Die Nacht ist vorgedrungen«

GL 160,1 »Bekehre uns, vergib die Sünde« (»uns zu erretten«)

GL 493 »Lob sei dem Herrn«

GL 726/1 »Meine Seele dürstet allezeit nach Gott« mit GL 726/2 Psalm 43

SCHRIFTTEXTE

Lesung: Jes 45,6b–8.18.21b–25

Evangelium: Lk 7,18b–23

AUSLEGUNG

Es ist ermutigend, wieviele Menschen zum Helfen bereit sind. Auch in unserer Gemeinde gibt es viele Zeichen der Hilfsbereitschaft. Manchmal ist es aber das kleinere Problem, Helfer und Helferinnen zu finden, als sich helfen zu lassen. Wie oft haben wir es schon erfahren, daß gutgemeinte Hilfe abgelehnt wurde, obwohl sie dringend nötig gewesen wäre. Aber wer will schon zugeben, daß er bedürftig ist! Nur ja auf niemand angewiesen sein! Ich möchte einmal niemand Danke sagen müssen ... Denken wir nicht im Stillen auch so?!
Aber eine Welt, in der alle nur die Starken mimen, ist eine schrecklich kalte Welt, eine Welt voller Einsamkeit. Es gibt nicht wenige Menschen, die in dem Moment zusammenbrechen, wo ihr Totaleinsatz

für einen anderen Menschen nicht mehr nötig ist – und sie selber anfangen, Hilfe zu brauchen.
»Laßt euch erretten!« – Fast flehentlich ruft es uns der Prophet im Namen Gottes zu!
Ziehen wir unsere Bestätigung nicht viel zu sehr aus dem, was wir haben und wissen und können und auf die Füße stellen? Und wundern uns dann, wie gnadenlos die Welt wird, die wir uns da bauen!
Gott ruft uns in diesem Advent, unsere eigene Bedürftigkeit zu erkennen und zu ihr zu stehen und das Befreiende der Botschaft wieder zu hören, daß wir leben dürfen aus Gnade. Nicht weil wir uns das Leben verdienen, sondern weil da Gott ist, der uns befreien will aus dem Korsett unserer Selbstbehauptung.
Rorate Coeli – »Tauet Himmel« – singen wir in diesen Tagen. Auf das Wort des Propheten Jesaja geht dieses Lied zurück. Das Heil der Welt und die Heilung unseres Lebens sind nicht Ergebnis unserer Anstrengungen zuerst, sondern unseres Offenseins für Gottes Zuwendung, die wie der Tau leise und über Nacht und ohne unser Zutun da ist.

FÜRBITTEN

Barmherziger, treuer Gott. In Jesus Christus hilfst du unserer Schwachheit auf. Wir bitten dich:

- Für die Kirche, die du gerufen hast, Zeugin unerschütterlicher Hoffnung zu sein, und die doch selber oft die Hoffnung verliert.
  (GL 118,3 »Komm, Herr, komm und erlöse uns«)
- Für alle, die über eine Enttäuschung nicht hinwegkommen und in Gefahr sind, bitter zu werden.
- Für die Trauernden, die einen schweren Verlust verkraften müssen und sich im Schmerz vergraben.
- Für alle, die zweifeln, ob sie deiner Lebensmacht trauen können.

Denn dein ist das Reich und die Kraft und die Herrlichkeit in Ewigkeit. Amen.

Thomas Keller

Gottes Zeichen annehmen

BEGRÜSSUNG UND EINFÜHRUNG

Es sind nur noch wenige Tage bis Weihnachten, und manche und mancher von uns wird klagen: Was habe ich mir alles vorgenommen für den Advent – und wie wenig ist daraus geworden . . .
Vielleicht sollten wir uns erst gar nicht eine sturmfreie Zeit wünschen, sondern uns einfach einlassen auf das, was ist, und aufmerksam werden auf die Anregungen und Weisungen, die uns Gott mitten im Alltag gibt.

KYRIE-RUF

GL 524 »Gott des Vaters ewger Sohn«

LIEDVORSCHLÄGE

GL 108 »Komm, du Heiland aller Welt«

GL 112,4 »O Wurzel Jesse«

GL 126 »Richtet euch auf« mit GL 127 Magnificat

GL 580 »Ave Maria, gratia plena«

GL 586 »Gruß dir, Mutter«

SCHRIFTTEXTE

Lesung: Jes 7,10–14

Evangelium: Lk 1,39–47

AUSLEGUNG

König Ahas will kein Zeichen. Seine Begründung klingt sogar sehr fromm: Ich will den Herrn nicht versuchen! Gott nicht bemühen! Man kann auch mit einem frommen Schein sich Gott vom Leib halten. Ahas will sich nicht dreinreden lassen in seine schon gefaßten Pläne – nicht vom Propheten und auch nicht von Gott. Gott ist recht zur Absegnung seiner, des Königs Pläne – aber von ihm beeinflussen lassen will er sich nicht.
So weit weg ist Ahas nicht von uns heute. Zuerst meine Pläne und Vorhaben; zuerst das, was ich mir in den Kopf gesetzt habe – und dann vielleicht, wenn es gerade paßt, wenn »noch Luft ist«, ein Platz für Gott. Daß vieles in meinem Leben gerade deshalb »nicht läuft«, daß sich Unzufriedenheit deshalb oft lähmend ausbreitet, weil ich mich seinem Einfluß versperre, das will ich nicht wahrhaben.
Warum ist es so? Weil wir Gott nichts zutrauen. Weil wir gar nicht damit rechnen, daß er wirklich Neues schaffen kann. »Ich muß ja doch selber fertig werden!« »Wer soll mir schon helfen?« »Ich muß mich durchsetzen, sonst bin ich unten durch« ...
Maria ist im Evangelium das Gegenbild des Ahas. Sie ist offen für die Botschaft des Engels, die in ihr Leben eingreift – für das Neue, das Gott »mit ihr anfangen« will. »Siehe, ich bin die Magd des Herrn.« Und sie hält sich an das Zeichen, das Gott ihr gibt: »Elisabeth, deine Verwandte, hat noch im Alter einen Sohn empfangen, obwohl sie als unfruchtbar galt ...« Maria hält sich an die »An-Haltspunkte« Gottes und macht sich auf den Weg zu Elisabeth. Sie läßt sich ein auf das Neue, das Gott ihr ankündigen läßt.
Könnten wir in diesen Tagen nicht auch in unserem Leben Zeichen Gottes entdecken, die uns neu auf den Weg rufen?:
- Da erfahre ich Anerkennung von einer Seite, wo ich es nie erwartet hätte.
- Da wird mir die Hand entgegengestreckt, wo ich darauf gefaßt war, abzublitzen.
- Da entdecke ich hinter der Widerwärtigkeit eines Menschen seine innere Not.
- Da kommt es plötzlich zu einem sehr tiefen Gespräch ...
  Gottes Zeichen annehmen; sich von ihnen wieder neu den Weg weisen lassen: Nehmen wir diesen adventlichen Rat von Maria an!

FÜRBITTEN

Barmherziger Gott, dir ist nicht gleichgültig, wie es um unsere Welt und um uns steht. Jesus Christus ist die Garantie dafür, daß du uns hörst und erhörst. Wir bitten dich:

- Für die Christenheit, die sich auf Weihnachten vorbereitet und doch selber angesteckt ist von Kleinglaube und Angst. (Herr, erbarme dich ...)
- Für alle, die in Führungsaufgaben stehen und hohe Verantwortung tragen und doch oft selber nicht den richtigen Weg wissen.
- Für alle, die gerade in diesen Tagen Bitteres erfahren, die Abschied nehmen müssen von einem lieben Menschen oder von Lebensplänen, und die doch die Hoffnung nicht aufgeben, daß du sie führst.
- Für uns alle, die wir zum wahren Weihnachten kommen möchten und uns doch kaum lösen können von der Betriebsamkeit dieser Tage.

So bitten wir und vertrauen, daß du durch Christus auch heute Fesseln löst, von Last befreist und neues Leben schenkst – durch ihn, Christus, unseren Herrn.

Thomas Keller

Österliche Vorsätze

Fastenzeit

Fasten – nicht nur sauber, sondern rein

BEGRÜSSUNG UND EINFÜHRUNG

Jesus will uns in dieser österlichen Bußzeit in seine Schule nehmen. Er will uns den Weg der Lauterkeit und der Klarheit, der Geradlinigkeit und der Reinheit zeigen. Er will uns abwenden von allem, was unsauber, böse, befleckt, schmutzig, unordentlich ist.
Auf sein wegweisendes Wort hören wir.
Fasten bedeutet ja nicht nur und in erster Linie: Weniger essen, weniger Genüsse sich aufwarten lassen.
Fasten bedeutet auch und vor allem, sich von Jesus in die Schule nehmen lassen.

KYRIE-RUF

GL 518,1–8 »Herr Jesus, König ewiglich«

LIEDVORSCHLÄGE

GL 718/1 »Der Herr ist mein Hirt« mit GL 718/2 Psalm 23

GL 675 »Christus, du Sonne unseres Heils«

GL 483 »Wir rühmen dich, König der Herrlichkeit«

GL 553 »Du König auf dem Kreuzesthron«

GL 640 »Gott ruft sein Volk zusammen«

GL 248 »Nun bitten wir den Heiligen Geist«

GL 241 »Komm, Heilger Geist, der Leben schafft«

SCHRIFTTEXTE

Lesung: Offb 7,13–17

Evangelium: Mt 6,16–18; Mt 27,24–26

AUSLEGUNG

Im Matthäusevangelium wäscht sich Pilatus vor allem Volk die Hände.
Sind sie rein?
Die SS-Führer in Ausschwitz wuschen sich und hörten Beethoven, wenn sie vom Vergasen nach Hause kamen.
Sind sie rein?
Ein jüdischer Mann fällt mir ein. Er war krank. Sein Herz »tat« nicht mehr mit. Häftling in Ausschwitz war er gewesen. Und dort hatte er, weil er all die Greueltaten nicht mehr aushalten konnte, auf Gott geflucht.
Ist er unrein?
Zeigte sein Fluchen nicht, wie sehr er an Gott hing?
Wie er nicht von Gott, seinem Gott, lassen wollte?
Jemand kann mit Schmutz und allem möglichen total überladen und dennoch rein sein.
Jemand kann total sauber sein
und dennoch ganz und gar unrein.
Im Wörterbuch steht unter anderem für rein:
»unschuldig, ohne Falsch, echt, lauter«.
Und für sauber:
»frisch gewaschen, fleckenlos, frei von Schmutz, genau, ordentlich«.
Letzteres Wörter, die wir von der Waschmittelwerbung her in den Ohren haben.
Ersteres Wörter, die wir mit wichtigen Personen in Verbindung bringen können. Und vor allem mit Jesus Christus, dem Mann aus Nazaret.
Mit den »Schmutzigen« saß er zusammen und war »rein«, steckte sie sogar mit seiner »Reinheit« an.
»Ohne Falsch« ließ er sich wie ein Lamm zur Schlachtbank führen. Und trug er nicht bei diesem Gang zur Schlachtbank al-

len Schmutz der Welt an sich, in sich, auf sich? War er bei diesem Gang nicht mit allem Leid und jeder Sünde beladen?
Und dennoch rein!
Jener Jesus, der so rein sein konnte, der mußte mit sich ganz und gar im »Reinen« gewesen sein, der mußte von einer »Reinheit« gewesen sein, wie wir sie sonst kaum finden. Nämlich von einer »Reinheit«, die gerade Platz für die »Unreinen« schafft.
Bei Dostojewski finden wir den Satz:
»Du aber liebe mich,
auch wenn ich schmutzig bin,
denn wenn ich reingewaschen wäre,
dann liebten mich ja alle.«

FÜRBITTEN

Unseren Herrn und Gott wollen wir in dieser österlichen Bußzeit um seine Hilfe bitten:

- Schaffe unter uns Platz dem Geist der Lauterkeit und der Klarheit.
  (Du unser Gott, erbarme dich unser.)
- Dränge Haß, Feindschaft und Unversöhntheit zurück.
- Bewege deine Gemeinden, aus dem Geist deines Sohnes zu denken und zu handeln.
- Trockne die Tränen der Trauernden und richte die Kranken auf.

Denn du unser Gott bist unser Vater. Dich preisen wir mit Christus im Heiligen Geist, jetzt und immer. Amen.

Anton Bauer/Rainer Bareis (Auslegung)

Fasten – verzichten und vergeben

BEGRÜSSUNG UND EINFÜHRUNG

Zum rechten Fasten zählt auch, daß wir auf eingefahrene Gleise verzichten,
auf Rache und Unversöhnlichkeit verzichten,
auf Recht haben wollen und obsiegen verzichten,
also Versöhnung und Vergebung stiften.
Deshalb wollen wir uns jetzt besinnen und den um Vergebung bitten, der uns die Kraft gibt, diese Vergebung auch weiterzugeben.

BUSSAKT

Schuldig sind wir geworden, weil wir die Gebote Gottes und die Lebensweisung Jesu nicht beachtet haben.
Vergib uns unsere Schuld, wie auch wir vergeben unseren Schuldigern.

Schuldig sind wir geworden, weil wir versäumt haben, Gutes zu stiften.
Vergib uns unsere Schuld ...

Schuldig sind wir geworden, weil wir das Geschenk des Glaubens vernachlässigen.
Vergib uns unsere Schuld ...

Schuldig sind wir geworden, weil wir nur für uns selbst gelebt haben.
Vergib uns unsere Schuld ...

Schuldig sind wir geworden, weil wir nicht nach dem Gebot der Nächstenliebe gelebt haben.
Vergib uns unsere Schuld . . .

Schuldig sind wir geworden, weil wir nicht bereit waren, unseren Schuldigern zu vergeben und das Geschenk der Versöhnung weiterzuschenken.
Vergib uns unsere Schuld . . .

LIEDVORSCHLÄGE

GL 293 »Auf dich allein ich baue«

GL 462 »Zu dir, o Gott, erheben wir die Seele«

GL 164 »Erbarme dich, erbarm dich mein«

GL 163 »Aus tiefer Not schrei ich zu dir«

GL 122/1 »Hebt euch, ihr Tore« mit GL 122/2 Psalm 24

SCHRIFTTEXTE

Lesung: Eph 4,30–32

Evangelium: Mt 6,16–18

AUSLEGUNG

Wenn sich jemand selber in seiner Haut nicht mehr wohlfühlt, dann stopft er sich oft mit allem Möglichen voll.
Das kann Essen und Trinken sein, Süßigkeiten können eine besondere Rolle spielen, das kann aber auch Fernsehen und vieles andere mehr sein.
Er will sich etwas Gutes tun – dagegen ist nichts einzuwenden – und tut dann zuviel des Guten.
Nur ob er sich dann besser fühlt, das ist eine völlig andere Frage.
Kann es nicht sein, daß sich jemand ganz und gar »verstopft«, »zustopft« und so dann weder sich, seine Welt, seine Mitmenschen und auch seinen eigenen Gott nicht mehr wahrnehmen kann?

Philoxenes, ein Weiser aus dem fünften Jahrhundert, sagt einmal:
»Iß mit Maß,
um ohne Maß zu lieben!
Faste,
um zu sehen.«

Verzichten, fasten um meiner selbst willen kann angebracht sein. Nur gilt es da zunächst einer großen Gefahr zu wehren: Es gibt den »heroischen« Verzicht, den sich jemand auferlegt, den er aber selber, aus seinem Inneren heraus, nicht bejahen kann. Bei dem besteht dann die Gefahr, daß er unerbittlich und hart wird, daß er das, was er sich selber abverlangt, auch von den anderen verlangt. Der kann dann den anderen nicht vergeben, daß sie jetzt so sind, wie er damals war. Verzichten kann einen ungenießbar machen, weil man durch sein Verzichten das Genießen verlernte, und deshalb auch anderen nicht mehr gönnt. »Wer nicht genießt, wird ungenießbar«, singt Konstantin Wecker in einem seiner Lieder. Verzichten kann aber auch frei machen. Der Mensch, der das schafft, merkt dann, was er nicht mehr braucht. Und er braucht deshalb nicht mehr »ängstlich bemüht« um die »Dinge dieser Welt« zu sein. Weil er von vielem absehen kann, kann er auch von sich selbst absehen und damit noch mehr mit seinem Nächsten und seinem »Fernsten« verbunden sein.

Wer so durch sein Verzichten »befreit« ist, kann auch andere befreien. Er kann ganz leer werden, um den Menschen, der ihn jetzt gerade braucht, ganz bei sich sein zu lassen. Wenn so ein Mensch bei einem Menschen sein kann, bei ihm ohne »Wenn« und »Aber« sein kann, dann kann er sich auch ändern, ein anderer Mensch werden. Wo das geschieht, und das jemand mit sich geschehen läßt, wird einer »beflügelt«, Leichtigkeit prägt ihn und sein Leben. Etwas von dem, der ganz und gar auf sich verzichten konnte, der nicht an sich festhalten mußte, sondern sich dem Vater und den Menschen ganz hingeben konnte, etwas von dem bestimmt dann das Leben von Menschen, die das geschafft haben. Ja, etwas von dem ist dann sogar an ihrem Leben und an ihrem Gesicht ablesbar.

Paul Tillich schreibt einmal:
»Die Liebe gibt,
was sie fordert.«
Ein solcher Mensch schenkt
und ist beschenkt.

FÜRBITTEN

Auf die Hilfe unseres Herrn Jesus Christus wollen wir bauen, ihn bitten wir:

- Für alle, die Verantwortung tragen in christlichen Kirchen: Lehre sie den Geist der Versöhnung und des Brückenschlages. (Sohn des lebendigen Gottes – erbarme dich unser.)
- Für alle, die Verantwortung tragen für unsere bürgerlichen Gemeinden: Gib ihnen Mut und Einfallsreichtum für die Wege des Friedens und der Versöhnung.
- Für alle Menschen: Hilf ihnen Versöhnung zu empfangen und weiterzugeben.
- Für uns alle: Ermutige uns zu kleinen und großen Schritten der Versöhnung.

Denn du bist die Kraft unseres Lebens, du bist die Quelle der Versöhnung jetzt und immer. Amen.

Anton Bauer/Rainer Bareis (Auslegung)

Beten – schweigen und hören

BEGRÜSSUNG UND EINFÜHRUNG

Unzählige und unzählbar viele Worte dringen jeden Tag an unser Ohr: Informationen, Deutungen, Scherze, Berichte, Lieder, Schlager, Nachrichten, Anfragen, Antworten . . .
Vieles hören wir schon gar nicht mehr. Wir haben eine geschickte Kunst entwickelt, nur das zu hören, was uns paßt, und das zu überhören, was uns zuwider ist.
Ein rechtes Hören setzt Schweigenkönnen voraus. Dies üben wir in diesen Tagen der Bußzeit in unseren Werktagsgottesdiensten ausdrücklich.
Auch unsere Gottesdienste leiden an einem Überschwall von Worten. Schweigen können aber ist Voraussetzung dafür, daß wir Hören. Und Hören ist Voraussetzung, daß wir Gottesdienst feiern.

KYRIE-RUF

GL 160 »Bekehre uns, vergib die Sünde«

LIEDVORSCHLÄGE

GL 525 »Liebster Jesu, wir sind hier«

GL 521 »Herr, gib uns Mut zum Hören«

GL 516 »Herr Jesu Christ, dich zu uns wend«

SCHRIFTTEXTE

Lesung: 1 Sam 3,1–8

Evangelium: Mt 6,5–8

AUSLEGUNG

Vor dem Beten liegt das Schweigen.
Sören Kierkegaard schreibt einmal:
»Der heutige Zustand der Welt, das ganze Leben ist krank. Wenn ich Arzt wäre und man mich fragte, was rätst du? – ich würde antworten:
Schaffe Schweigen! Bringe den Menschen zum Schweigen. Gottes Wort kann so nicht gehört werden.«
Es fehlt uns die Stille.
Und oft wird auch das Gebet zu einer Geräuschkulisse, die ihrerseits nur Lärm macht und nicht mehr. Gegen diese laute und geschwätzige Welt gilt es, bewußt Zonen der Stille – wie etwa auf den Kirchentagen oder in Taizé – zu schaffen. Und jeder von uns kann das auch für sich tun. In seinem Alltag.
Etwa in der Frühe:
Beim Kaffee eine Viertelstunde der Stille.
Ruhig werden.
Daran denken, was an diesem Tag, der jetzt begonnen hat, auf einen zukommt, wer auf einen zukommt, einem begegnet.
Wer so aus der Stille in den Tag hineingeht, der wird feststellen, daß er ein ganz anderer geworden ist: viel offener. Er kann zuhören.
Oder am Abend:
Warum nicht bei einer Tasse Tee oder einem Glas Wein?
Den Tag, der nunmehr zu Ende geht, noch einmal vor seinem inneren Auge »passieren« lassen. An die Menschen, die Situationen denken; an das, was alles geschehen ist. Aus der Ruhe und aus dem Geschehenen kann sogar ein Gebet in einem aufsteigen.
Oder auf einem Spaziergang:
Wer lange genug geschwiegen hat,
hört wieder viel mehr:
Das Singen des Vogels,
das Plätschern des Baches . . .
Es gibt das gefüllte Schweigen, etwa von zwei Eheleuten oder zwei Freunden, die sich nach einem Gespräch auf einen Ton »eingeschwungen« haben und jetzt ganz nah beieinander sind.
Und es gibt das »öde« Schweigen, wo man einander nichts mehr zu sagen hat, weil man nicht mehr aufeinander hört.

»Wer vieles einst zu künden hat,
schweigt viel in sich hinein«,
sagt Hölderlin einmal.
Vielleicht gibt es so wenige befreiende Worte in unserer Zeit, weil viel zu wenig geschwiegen wird.
Vielleicht können wir so wenig glauben, weil wir zu wenig schweigen.
»Der Glaube kommt vom Hören«, schreibt Paulus in einem seiner Briefe.
Es kommt auf einen Versuch an.
Wir können mit dem Schweigen beginnen,
vielleicht hören wir dann mehr,
vielleicht können wir dann sogar mehr glauben.

FÜRBITTEN

Herr Jesus Christ, dein Wort ist Wahrheit und Leben, dich rufen wir an:

- Erleuchte die Augen und unsere Herzen, damit wir dich und in dir den Vater sehen.
  (Herr, erbarme dich.)
- Ermutige die Christenheit zum neuen Hören auf dein lebenspendendes Wort.
- Verbanne aus unserer Mitte allen schlimmen Lärm, alle bösen Worte und alles, was den Blick und die Ohren blendet.
- Hilf uns allen, in unserem Gottesdienst dem schweigenden Hören und dem hörenden Schweigen Platz zu machen.

Denn du willst zu uns reden, dein Wort ist Wahrheit und Leben. Dich preisen wir mit dem Vater und dem Heiligen Geist jetzt und in Ewigkeit. Amen.

Anton Bauer/Rainer Bareis (Auslegung)

Beten und arbeiten

BEGRÜSSUNG UND EINFÜHRUNG

Noch einmal nimmt uns heute Jesus mit in die Schule des Betens. In zwei eindrucksvollen Gleichnissen – dem Gleichnis von dem bittenden Freund und dem Gleichnis von dem Richter und der Witwe – ermuntert uns Jesus, mit Zuversicht und Vertrauen uns an unseren Gott und an ihn, unseren Herrn, zu wenden.
Dies dispensiert uns nicht davon, mutig zuzupacken, um unseren Tag und unsere Welt zu gestalten. Aber wir wissen sehr wohl, daß uns Grenzen gesetzt sind und daß wir ohne seinen Zuspruch, seine Ermutigung und seine Hilfe das uns Aufgetragene nicht recht tun können.

KYRIE-RUF

GL 311 »Mit lauter Stimme rufe ich zum Herrn«

LIEDVORSCHLÄGE

GL 291 »Wer unterm Schutz des Höchsten steht«

GL 302 »Erhör, o Gott, mein Flehen«

GL 621 »Ich steh vor dir mit leeren Händen, Herr«

GL 289 »Herr, deine Güt ist unbegrenzt«

GL 167 »O höre, Herr, erhöre mich«

SCHRIFTTEXTE

Lesung: Phil 4,4–9

Evangelium: Lk 11,5–8; Lk 18,1–8

AUSLEGUNG

Unsere Welt eröffnet heute neue Möglichkeiten zum Beten. Der abergläubische Zwang – wie etwa die Angst vor dem Gewitter – entfällt.
Und uns ist bekannt:
Beten ist kein Zaubermittel.
Immer noch beten wir im »Vater-unser«:
»Dein Wille geschehe.«
Doch wissen wir heute auch:
ZUM BETEN GEHÖRT DAS TUN.
Die evangelischen Mönche von Taizé sagen hierzu:
»Kampf und Kontemplation«;
die Benediktiner schon vor Jahrhunderten:
»Ora et labora« – »bete und arbeite.«
Wir Heutigen haben die Chance, daß die ganze Welt zum Stoff, zum Inhalt unseres Betens werden kann. Es gibt kein besonderes Gebets-Leben neben dem Arbeits-, Wirtschafts- und Liebes-Leben.
Wir können betend leben und im Leben beten.
Martin Luther sagt das einmal so:
». . . daß wir dich stets vor Augen han
in allem,
das wir heben an.«
Wer betet, der lebt mit Gott auf »Rufweite«, der tastet sich in ihn, in seinen Willen hinein, der versucht, sich ihm zu nähern, der will eine lebendige Beziehung zu ihm aufbauen.
Und weil es da um eine lebendige Beziehung zu Gott geht, gibt es nichts, was nicht mit ihm besprochen werden kann. Das ist ja auch letztlich die Konsequenz aus der Menschwerdung Gottes in Jesus Christus.
Für den, der so zu leben versucht, kann sogar seine Arbeit zum Gebet werden. Auf ihn und seine Haltung kommt es an, auf seine Liebe und seine Offenheit zu sich, den Menschen, seiner Welt und zu seinem Gott.
Natürlich kann ein Mensch nicht immer so offen sein.
Natürlich kann ein Mensch nicht immer so lieben.
Da gibt es Höhen und Tiefen.
Und natürlich ist das schwer, sehr schwer, wenn jemand am Fließband steht.

Doch es geht auch da.
Auf ihn, den Menschen, kommt es an.
Teresa von Avila sagt einmal:
»Gott ist auch inmitten der Kochtöpfe zu finden.«
Und Martin Buber, der jüdische Religionsphilosoph:
»Wir können nur mit Gott reden,
wenn wir unsere Arme,
so gut wir können,
um die Welt legen,
das heißt,
wenn wir Gottes Wahrheit und Gerechtigkeit
in alles hineintragen.«
Wer so Gott finden kann, so bei ihm sein kann, so alles in ihn hineintragen kann, für den wird seine Welt auf einmal viel bunter, für den tut sich eine ganz andere Dimension auf. Der wird auf diese Dimension hin ganz und gar durchsichtig.
Das Geringste, das er gerade tut, wird dann ganz wichtig, weil er es vor Gott tut.
Und der kann zufrieden werden,
ohne selbst-zufrieden zu sein.

FÜRBITTEN

Jesus Christus ermutigt uns, unermüdlich dem Vater unsere Anliegen vorzutragen:

- Hilf allen, die durch Leid und Enttäuschung geprüft werden, daß sie in den Proben des Glaubens das Vertrauen in deine Liebe nicht aufgeben.
- Schicke den Mühseligen und Beladenen unter uns Menschen, die ihnen helfen, aus der Botschaft deines Sohnes Hoffnung zu schöpfen.
- Steh denen bei, die die kommende Generation zu Lobpreis und Danksagung und Fürbitte anleiten wollen.

Denn wir sind sicher, daß weder Tod noch Leben, weder Gegenwart noch Zukunft, uns scheiden können von deiner Liebe, dic du uns schenkst durch Christus unseren Herrn. Amen.

Anton Bauer/Rainer Bareis (Auslegung)

Almosen geben – solidarisch teilen

BEGRÜSSUNG UND EINFÜHRUNG

Die Gaben Gottes sind uns anvertraut, nicht daß wir sie eingraben, sondern daß wir sie ummünzen.
Die Gaben Gottes sind uns anvertraut, nicht daß wir unseren Besitz vermehren, sondern daß wir teilen.
Teilen macht nicht ärmer, sondern reicher. Das müssen wir in unserem Alltag stets neu lernen. Jesus lädt uns dazu ein.
Das Erkennungsmerkmal seiner Lebensart war: Am Brotbrechen haben sie ihn erkannt.

KYRIE-RUF

Herr Jesus, du kennst die Not der Menschen.
Herr, erbarme dich unser.

Herr Jesus, du hast unsere Not mit uns geteilt.
Christus, erbarme dich unser.

Herr Jesus, du willst nicht, daß wir in Hunger und Elend zugrunde gehen.
Herr, erbarme dich unser.

LIEDVORSCHLÄGE

GL 634 »Dank sei dir, Vater«

GL 274 »Dich will ich rühmen, Herr und Gott«

GL 539 »Wir alle essen von einem Brot«

GL 638 »Nun singe Lob, du Christenheit«

GL 758/1 »Aller Augen warten auf dich« mit
GL 758/2 Psalm 145

SCHRIFTTEXTE

Lesung: Apg 2,42–47

Evangelium: Mt 6,2–4

AUSLEGUNG

»Solidarisch« – geschwisterlich – »teilen«, geht das?
Kain und Abel fallen einem da ein.
Erbstreitigkeiten,
wir Menschen in Deutschland,
wo »Brüder und Schwestern« aus den »alten« Ländern mit denen aus den »neuen« Ländern teilen sollen, um die Teilung zu überwinden.
So zu teilen, das ist schwer.
Leichter ist es für uns,
wenn wir Almosen geben.
»Der Almosenspender gibt die anderen,
er gibt das,
was den anderen gehört,
seinen Überfluß.«
So schreibt Leon Bloy in seinem Büchlein
»Reichtum als Provokation«.
Doch ist das möglich:
»Brüderlich teilen«?
Werden wir das je schaffen?
Werden wir je so weit kommen?
Vielleicht ist eine Sehnsucht in uns da, einmal so zu werden. Und unser ganzes Leben, zumindest wenn wir dem Gott Jesu Christi glauben, will uns lehren, daß wir uns geben können. Schließlich und endlich muß sich ein jeder und eine jede von uns am Ende seines Lebens ganz und gar geben, sich in seinen Tod hineingeben, sich, wenn er glaubt, in »Gottes Hände« hineingeben.

Doch da ist noch viel, was uns hindert.
Die Angst vor Verarmung.
Die Angst, einmal allein zu sein,
niemanden zu »haben«.
Die Angst vor dem Leben.
Existenz-Angst.
Doch zeigen all die Ängste nicht auch einen Mangel auf? Den Mangel nämlich, daß wir nicht glauben können, daß uns Gott ganz und gar liebt. Daß wir ganz und gar – mit Haut und Haaren – von ihm angenommen und geliebt sind?
Große Heilige – etwa Franziskus – konnten sich oft so hergeben, barmherzig sein, sich selber in ihrem Geben nicht aussparen. Und so kamen sie in den »Stand der Heiligkeit«. Oder ist das nur menschliche Reife? Etwas, wozu wir alle berufen sind?
Die Einsicht, daß wir eine »creatura«, ein Geschöpf sind, mit einem Anfang und einem Ende?
Vielleicht konnten nur so Armut und Tod Franzens Geschwister werden, und so nennt er sie ja auch: »Schwester Armut«, »Bruder Tod«.
Vielleicht ist eine Sehnsucht in uns Menschen da, so zu werden, wie Franziskus war.
Und so eine Sehnsucht, die stiftet einen jetzt schon an, etwas zu tun:
Almosen geben,
ein ganz klein wenig Barmherzigkeit einüben,
mit dem »Arm-werden« beginnen.
In demselben Büchlein schreibt Leon Bloy:
»Das Wort *arm* bringt den Menschen Gott so nahe, da es zu einem Ausdruck der Zärtlichkeit wird. Wenn das Herz vor Mitleid oder Liebe zerspringt, wenn man seine Tränen kaum mehr zurückhalten kann, kommt einem dieses Wort auf die Lippen.«
Vielleicht können wir einmal mit dem Wort Gott auf den Lippen sterben und ihm dann so ganz nahe sein.

FÜRBITTEN

Der barmherzige Gott läßt keinen im Stich, der auf ihn sein Vertrauen setzt, darum sagen wir ihm unsere Anliegen:

- Für die christlichen Kirchen bitten wir, daß sie mit vereinten Kräften die Not und Ungerechtigkeit in der Welt bekämpfen.
- Für die Verantwortlichen in Politik und Wirtschaft bitten wir, daß sie mit Ideenreichtum und Entschiedenheit eine gerechtere Ordnung der Weltwirtschaft fördern.
- Für die Armen und Hungernden bitten wir, daß sie die Hilfe der Reichen und Wohlhabenden erreiche und ihr Elend lindere.
- Für unsere Gemeinde bitten wir, daß wir ständig lernen zu teilen, was uns anvertraut ist.

Gott unser Herr, du bist allen nahe, die dich anrufen, du öffnest deine Hand und sättigst alles, was lebt, nach deinem Gefallen. Dich loben und preisen wir mit der ganzen Schöpfung heute und in alle Ewigkeit. Amen.

Anton Bauer/Rainer Bareis (Auslegung)

Almosen geben – Fesseln lösen

BEGRÜSSUNG UND EINFÜHRUNG

Bei unserem Weg durch die österliche Bußzeit – auf dem wir uns in die Schule Jesu eingliedern wollten – geht es nicht um neue Gesetze und Paragraphen, nicht um neue Bindungen und Verpflichtungen.
Es geht um die Befreiung, um die Erlösung, das Heil, um die Öffnung der Horizonte, um das Lösen alter Fesseln.
Nur Varietékünstler können sich von den Fesseln selbst befreien. Wir sind darauf angewiesen, daß einer da ist, der unsere Fesseln löst. Dieser Eine tritt auf mit dem Anspruch, wie er im Evangelium uns begegnet: »Der Geist des Herrn ruht auf mir;
denn der Herr hat mich gesalbt.
Er hat mich gesandt,
damit ich den Armen eine gute Nachricht bringe;
damit ich den Gefangenen die Entlassung verkünde
und den Blinden das Augenlicht;
damit ich die Zerschlagenen in Freiheit setze
und ein Gnadenjahr des Herrn ausrufe.«
Diesem Befreier, Erlöser, Löser unserer Fesseln wenden wir uns zu.

KYRIE-RUF

GL 170 »Lehre uns, Herr, deinen Willen zu tun«

LIEDVORSCHLÄGE

GL 641 »Gleich wie mich mein Vater gesandt hat«

GL 640 »Gott ruft sein Volk zusammen«

GL 638 »Nun singe Lob, du Christenheit«

GL 168 »O Herr, nimm unsere Schuld«

GL 165 »Sag ja zu mir, wenn alles nein sagt«

SCHRIFTTEXTE

Lesung: Jes 49,8–10

Evangelium: Lk 4,16–21

AUSLEGUNG

Unter dem Stichwort »Fessel« lesen wir im Wörterbuch:
»Kette oder Strick um Hände oder Füße, um jemanden gefangenzuhalten.«
Und an solche Ketten oder Stricke denken wir zuerst, wenn wir die Aussage:
Gefangene befreien oder Fesseln lösen, hören.
Aber gibt es nicht auch sehr viele Fesseln, die einen Menschen, so wie er ist, gefangenhalten?
Jeder ist ja nicht nur er selber, er ist auch der, der er geworden ist, zu dem er gemacht wurde. Und das kann einen dann so sehr in Beschlag nehmen – eben fesseln – daß man nicht mehr zu sich selber kommen kann.
Da ist eine junge Frau, die überall dort, wo sie so war, wie sie nicht sein wollte, ihre Mutter ins Spiel brachte. Sie – und nur sie – machte sie für ihr eigenes Fehlverhalten verantwortlich. Sie selbst hatte mit all dem nichts zu tun. Sie war und blieb – obwohl die Mutter schon längst tot ist – von ihr gefesselt.
Und es gibt ja noch viel mehr solcher Fesseln, die uns Menschen unfrei machen.
Das ist nicht nur der Ehrgeiz, das ist auch die Macht, die einen fasziniert.
Das ist nicht nur die Werbung, sondern auch der Konsum, von dem wir angezogen werden.
Das ist nicht nur unsere Vergangenheit, sondern auch unsere Zukunft, die wir uns in den schönsten Farben ausmalen.
Es sind so viele Fesseln, die uns gefangenhalten, uns unfrei machen, und denen wir nur schwer entkommen können. Doch wie können wir entkommen?

Bei diesem Gang heraus gibt es nur den Gang zu sich selber. Ich muß mich selber besuchen, muß es bei mir und mit mir aushalten lernen, obwohl ich ja als Mensch ein Wesen bin, wie es Pascal einmal sagt, zu dessen Eigenart es gehört, es nicht lange im gleichen Zimmer auszuhalten.

Ich muß mich in meinem Geworden-Sein und in meinem Da-Sein kennenlernen und dann – und das ist der zweite Schritt – annehmen lernen.

Je mehr jemand lernt, sich anzunehmen, um so mehr legt er die Fesseln, die ihm aufgezwungen wurden, und die er sich selbst umlegt, ab. Und so kann er verantwortlich für sich selber werden. Sigmund Freud würde hierzu sagen: »Wo Es war, soll Ich werden.« Nur wer so bei sich ist, kann offen genug für Gott werden. Wer sich so ganz und gar entfesselt und entfesseln läßt, kann sich von Gott »fesseln« lassen, dann kann Christus in ihm leben und wachsen. Dann kann Christus in ihm leiden, und er kann mit Christus leiden. Und dieses »Mitleiden« geschieht dann nicht im Abstrakten, sondern ganz konkret im Mitleiden mit der bedrängten und gefesselten Schwester, mit dem gefesselten und bedrängten Bruder. Denn seine Liebe ist entfesselt, weil Christus in ihm lebt und er durch Christus lebt.

Und das hat dann Konsequenzen:

Der Mensch braucht sich nicht mehr zu verbiegen und auch nicht mehr verbiegen lassen.

»Aufrechter Gang« ist angesagt. Und wer so »aufrecht« gehen kann, hilft all denen, die von ihren Fesseln darniedergehalten werden.

Er gibt ihnen den Mut, sich von ihren Fesseln zu befreien.

FÜRBITTEN

Jesus Christus ist gekommen, den Armen die Frohe Botschaft zu bringen und den Gefangenen die Freiheit. Ihn rufen wir:

- Eröffne allen Christen, die unter Schuld und Versagen leiden, den Weg zur Freiheit.
  (Herr, erhöre unser Gebet.)

- Befreie alle Menschen, die unter äußerem und innerem Zwang zu leiden haben.

- Nimm von uns alles, was uns beschwert und hindert auf dem Weg zu dir.
- Steh den christlichen Kirchen bei, daß sie der Welt ein Zeichen der Freiheit und der Erlösung sein können.

Denn du bist unseretwegen in die Welt gekommen, hast unseretwegen Fesseln ertragen, hast unseretwegen das Kreuz auf dich genommen. Dir danken wir, denn du bist unser Erlöser und Befreier, jetzt und immer. Amen.

Anton Bauer/Rainer Bareis (Auslegung)

Geistliche Einbrüche

Pfingstnovene

Vorbemerkung

»Die Volksfrömmigkeit kennt, besonders seit dem 17. Jahrhundert, neuntägige Andachten, die nach dem Vorbild der Apostelgeschichte (Apg 1,13f) der Vorbereitung auf ein wichtiges Ereignis oder zur Abwehr von Not und Gefahr dienten. Durch die Neuordnung des Kirchenjahres wurde die bislang mehr private Pfingstnovene in der offiziellen Liturgie beheimatet.
So schließt sich die Kirche und die Gemeinde den Jüngern Jesu an, die nach der Himmelfahrt ihres Herrn ›einmütig im Gebet verharrten, zusammen mit den Frauen und Maria, der Mutter Jesu, und mit seinen Brüdern‹ (Apg 1,14).«
(Aus: Pastoral-liturgisches Handlexikon, hrsg. von A. Adam und R. Berger, Freiburg 1980)

Der rote Faden durch die folgenden Vorlagen ist das Wort des Apostels Paulus an die Galater (Gal 5,13–26):
»Ihr seid zur Freiheit berufen, Schwestern und Brüder.
Nur nehmt die Freiheit nicht zum Vorwand für das Fleisch, sondern dient einander in Liebe.
Die Frucht des Geistes aber ist:
Liebe, Freude, Friede, Langmut, Freundlichkeit, Güte, Treue, Sanftmut und Selbstbeherrschung . . . Wenn wir aus dem Geist leben, dann wollen wir dem Geist auch folgen.«

Liebe

BEGRÜSSUNG UND EINFÜHRUNG

Die Liebe steht bei Paulus am Beginn seiner Aufzählung im Brief an die Gemeinde in Galatien. Ganz sicher kein Zufall. Liebe ist für ihn das erste Erkennungszeichen von Christen, die in die Fußstapfen des auferstandenen Herrn treten. Wenn Liebe als Frucht des Heiligen Geistes vorgestellt wird, so liegt darin die Hoffnung begründet, daß der, der uns bis in den Tod geliebt hat, uns auch immer wieder die Kraft und die Be-geist-erung schenkt, es neu mit der Liebe und in Liebe zu wagen.

KYRIE-RUF

Laßt uns einen Augenblick innehalten und still werden.

– *Kurze Stille* –

Herr Jesus Christus, du willst, daß wir glaubende Menschen sind, die sich und ihr Leben dir anvertrauen.
Herr, erbarme dich.

Du willst, daß wir hoffende Menschen sind, die dir in ihrem Leben Einfluß zutrauen und dafür Raum lassen.
Christus, erbarme dich.

Du willst, daß wir liebende Menschen sind, die für andere da sind und dir nachfolgen.
Herr, erbarme dich.

LIEDVORSCHLÄGE

Gesang zur Eröffnung
GL 617 »Nahe wollt der Herr uns sein«

Gesang zum Evangelium
GL 248 »Nun bitten wir den Heiligen Geist«

Gesang zur Gabenbereitung
GL 620 »Das Weizenkorn muß sterben«

Dankhymnus
GL 264 »Mein ganzes Herz erhebet dich«

SCHRIFTTEXTE

Lesung: Gal 5,1–12

Evangelium: Mt 5,43–48

AUSLEGUNG

Das Wort »Liebe« steht bei Paulus am Beginn seiner Aufzählung der Früchte des Geistes. Ganz sicher kein Zufall. Liebe ist für Paulus das erste Erkennungszeichen von Christen, die in die Fußstapfen des auferstandenen Herrn treten.
Paulus definiert dieses vielstrapazierte Wort im fünften Kapitel des Galaterbriefes etwas genauer. Maßstab ist die Selbstliebe. Paulus zitiert den Satz, den wir auch bei Matthäus finden: »Du sollst deinen Nächsten lieben wie dich selbst«, ein sehr realistischer Maßstab. Es wird nicht mehr verlangt, als anderen dasselbe Maß an Liebe entgegenzubringen, wie mir selber. Damit wird Selbstliebe genauso wichtig wie Nächstenliebe. Nur wenn ich zu mir selber sagen kann: »Gut, daß es mich gibt, so wie ich bin«, kann ich dieses wohltuende Annehmen auch anderen zukommen lassen.
Paulus stellt die Liebe im selben Kapitel des Galaterbriefes noch in einen anderen Zusammenhang: in den Zusammenhang mit Glauben. Er redet vom »Glauben, der in der Liebe wirksam ist«. Liebe ist also das, was den Glauben ins Handeln umschlagen und spürbar werden läßt. Im Grunde ist Liebe dann nur die aktive Kehrseite des Glaubens.

Wo könnte diese Kehrseite des Glaubens eher wirksam werden als unter den Glaubenden selber? Schon Paulus hatte da in den verschiedensten Gemeinden so seine Probleme, vor allem auch in Galatien. Sie gingen dort nicht sehr zimperlich miteinander um. Von beißen und verschlingen ist die Rede. Wir leiden wahrscheinlich immer noch unter den gleichen Widersprüchen wie die Christen damals. Unser oberstes Prinzip ist das Liebesgebot – aber die Praxis untereinander ist oft weit davon entfernt. Ein Grund, mit allem Nachdruck um diesen Geist Gottes zu bitten, dessen Frucht Liebe ist.

FÜRBITTEN

Laßt uns beten zu unserem Herrn Jesus Christus, der uns seinen Beistand verheißen hat.

- Für die vielen Menschen, die in unserer Zeit allein sind und niemand haben, dem sie sich anvertrauen können: daß ihnen die Gemeinde Jesu die menschliche Nähe schenkt, die sie suchen.
- Für alle alten und kranken Menschen; für alle, die mit andern im Konflikt leben; für alle, die sich aus unserer Gesellschaft ausgeschlossen fühlen: daß sie Menschen finden, die für sie da sein wollen.
- Für alle jungen Menschen, die oft enttäuscht sind von ihrem Elternhaus und von der Kirche und sich alleingelassen vorkommen: daß sie Freundschaft, Verständnis und den lebensnotwendigen Raum zur Entfaltung finden.
- Für die, die sich selbst nicht leiden mögen: Laß sie erfahren, daß du sie liebst ohne jede Bedingung und vor jeder Leistung.

Herr, du schenkst Kraft zur Liebe und zur Offenheit füreinander. Bestärke uns in unserem Vertrauen auf deine Nähe und erhöre uns. Amen.

ZUR MEDITATION

Ach, daß ich, wenn's drauf ankommt,
im Gegner den Bruder,
im Störer den Beleber,

im Unangenehmen den Bedürftigen,
im Süchtigen den Sehnsüchtigen,
im Säufer den Beter,
im Prahlhans den einst Gedemütigten,
im heute Feigen den morgen Mutigen,
im kleinen Mitläufer den morgen Geopferten,
im Schwarzmaler den Licht- und Farbenhungrigen,
im Gehemmten den heimlich Leidenschaftlichen
erkennen könnte!

Leicht ist das nicht.
Es bräuchte, o Gott, die Gegenwart deines Geistes!
Und wie schaffe ich, der Ängstliche, es,
im Lauten den Leisetreter,
im Arroganten den Angsthasen,
im forschen Behaupter den Ignoranten,
im Auftrumpfer den Anpasser,
zu entlarven?
Auch das, auch das gehört zur Liebe, wie Jesus sie lebte.*

Josef Birk

* aus: Kurt Marti, Lachen, Weinen, Lieben, Stuttgart 1985, S. 125 f.

Freude

BEGRÜSSUNG UND EINFÜHRUNG

Paulus nennt als zweite Frucht des Geistes im Galaterbrief die Freude. Dieses Thema legt nahe, mit einem freudigen Lied auf die Schöpfung und unseren Schöpfer unseren Gottesdienst zu beginnen.

GL 259 »Erfreue dich Himmel«

KYRIE-RUF

Laßt uns innehalten und still werden.

– *Kurze Stille* –

Herr Jesus Christus, du willst nicht, daß wir freudlos und griesgrämig unsere Tage verbringen, sondern mit freudigem Herzen.
Herr, erbarme dich.

Du heißt uns deine Freunde, die am neuen Leben teilhaben und nicht verbissen und mißmutig die eigene Erlösung schaffen müssen.
Christus, erbarme dich.

Du willst, daß wir uns mitreißen lassen von deiner Freude und mit den Erlösten mitlachen können.
Herr, erbarme dich.

LIEDVORSCHLÄGE

Gesang zur Eröffnung
GL 259 »Erfreue dich Himmel«

Antwortpsalm
GL 254/1 »Der Geist des Herrn erfüllet sie« mit
GL 254/2 Psalm 147

Gesang zur Gabenbereitung
GL 226 »Nun freut euch hier und überall«

Dankhymnus
GL 372 »Singt das Lied der Freude über Gott«

SCHRIFTTEXTE

Lesung: Phil 4,4 –7

Evangelium: Joh 16,16 –22

AUSLEGUNG

Freude als Frucht des Heiligen Geistes. Das ist ungewöhnlich für unsere Ohren. Freude ist nach geläufigen Maßstäben etwas, was in bestimmten Situationen auftritt: wenn uns etwas gelingt, wenn wir etwas erreicht oder etwas Schönes geschenkt bekommen haben. Freude als Folge einer Unterhaltungssendung in den Medien, Freude als ein Wohlgefühl im Gegensatz zu Leiden, Mißlingen, Angst usw.
Was könnte Paulus meinen, wenn er von Freude als Frucht des Geistes spricht? Offensichtlich sind nicht die bisher genannten Arten von Freude gemeint. Welche dann?
Ein erstes ist, daß wir Freude nicht mit Stimmung verwechseln dürfen. Freude, die Paulus meint, ist etwas, was nicht gemacht, nicht hergestellt oder willentlich herbeigeführt werden kann.
Sie entsteht, wenn wir mit der Botschaft Jesu gute Erfahrungen machen, wenn wir das Lebensfördernde der Botschaft spüren.
Sie kann dort entstehen, wo Menschen im Geist Jesu zusammen sind. Bei Paulus war Freude ein ganz wichtiger Faktor im Verhältnis zur Gemeinde. Er bittet z. B. einmal um die Für-

bitte der römischen Gemeinde, damit er mit Freude kommen kann.
Freude als Frucht des Geistes kann wahrscheinlich nicht in erster Linie im stillen Kämmerlein erfahren werden, sondern dort, wo zusammen mit anderen etwas von der frohen Botschaft erlebt wird. Diese Freude ist mehr als eine Stimmungslage, in der man zwischendurch die Mühen und Leiden des Lebens vergißt. Sie kann sich verbreiten trotz der leidvollen und mühsamen Seiten des Lebens.
Wer sich wirklich freuen kann, wird sensibel für das Leiden. Wer die hellen Seiten des Lebens zu schätzen weiß, den schmerzen die dunklen erst recht. Wer sich über die Botschaft Jesu freuen kann, der wird erst recht leiden an den Grenzen der Welt, und wer sich des Lebens mit gutem Grund freut, der übersieht unmöglich, wie sehr das Leben bedroht ist von Krankheit und Tod.

Dietrich Bonhoeffer hat das mit seinem Wort sehr sprechend formuliert:

Bei Gott wohnt die Freude,
und von ihm kommt sie herab
und ergreift Geist, Seele und Leib,
und wo diese Freude einen Menschen erfaßt hat,
dort greift sie um sich, dort reißt sie mit,
dort sprengt sie verschlossene Türen.

Es gibt eine Freude,
die von Schmerz, Not und Angst des Herzens
gar nichts weiß – sie hat keinen Bestand,
sie kann nur Augenblicke betäuben.

Die Freude Gottes ist durch die Armut der Krippe
und die Not des Kreuzes gegangen;
darum ist sie unüberwindlich, unwiderleglich.
Sie leugnet nicht die Not, wo sie da ist,
aber sie findet mitten in ihr, gerade in ihr Gott;
sie bestreitet nicht die ernste Sünde,
aber sie findet gerade so die Vergebung;
sie sieht dem Tod ins Auge,
aber sie findet gerade in ihm das Leben.

Um diese Freude, die überwunden hat, geht es.
Sie allein ist glaubwürdig,
sie allein hilft
und heilt.

FÜRBITTEN

Lasset uns beten zu Gott, unserem Vater:

- Gott, schenke allen, die Schweres zu tragen haben, die innere Freude, die hilft, auch mit den leidvollen Seiten des Lebens zurechtzukommen.
- Gott, laß uns sensibel und kritisch sein gegenüber den Betäubungsmitteln, die in vielen Ausformungen angeboten werden, damit wir sie nicht mit der echten Freude verwechseln.
- Gott, bewahre uns davor, abzustumpfen und die Freude an den vielen kleinen Dingen des Lebens zu verlieren.
- Gott, hole alle, die nur noch das Dunkel in sich und um sich herum sehen, in deine Nähe und erhelle sie durch deinen Frieden.

Gott, du bist die Quelle wahrer Freude. Du versprichst Trost und Zuversicht. In dir sind wir gehalten. Erwecke in uns und in allen, für die wir gebetet haben, neue Freude in Christus unserem Herrn. Amen.

IMPULS VOR DEM SEGEN

Laßt uns um Gottes Segen bitten, besonders auch für die, denen wir in dieser Stunde verbunden waren und von denen wir wissen, daß sie Gottes Freundlichkeit besonders bedürfen. Nehmen wir uns noch einen Augenblick Zeit, um zu überlegen, wem wir heute eine Freude bereiten können.

Josef Birk

Friede

BEGRÜSSUNG UND EINFÜHRUNG

Es gab in den vergangenen Jahren Zeiten, in denen das Wort »Friede«, über das wir heute nachdenken, sehr häufig gebraucht wurde, z. B. in der Nachrüstungsdebatte oder erst kürzlich während des Golfkrieges. Zur Zeit ist wenig davon die Rede. Wenn es heute um Friede als Frucht des Geistes geht, dann wird schnell deutlich, wie aktuell das ist, was Paulus mit dem Wort ausspricht.

KYRIE-RUF

Laßt uns innehalten und still werden.

– *Kurze Stille* –

Gott, wir sind Teil deiner Schöpfung, die in einem unheilvollen Zustand ist.
Herr, erbarme dich.

Wir wirken mit an der Zerstörung deiner Schöpfungsordnung, meist, ohne daß wir es ausdrücklich wollen.
Christus, erbarme dich.

Wir leben im Zustand des Unfriedens, weil wir auf Kosten anderer leben, nicht zuletzt auf Kosten unserer Kinder und Kindeskinder.
Herr, erbarme dich.

LIEDVORSCHLÄGE

Gesang zur Eröffnung
GL 270 »Kommt herbei, singt dem Herrn«

Gesang zum Evangelium
GL 310 »Verleih uns Frieden gnädiglich«

Gesang zur Gabenbereitung
GL 241,5–7 »Die Macht des Bösen banne weit«

Dankhymnus
Kanon »Herr, gib uns deinen Frieden«

SCHRIFTTEXTE

Lesung: Röm 8,18–30

Evangelium: Joh 14,25–31

AUSLEGUNG

Wenn Sie das Stichwort »Frieden« hören, was fällt Ihnen dann als erstes dazu ein?

(Kurze Besinnungspause – wenn die Gottesdienstgemeinde nicht allzugroß ist, kann es an dieser Stelle ein kurzes Gespräch dazu geben.)

Wenn ein biblischer Mensch, wie z. B. Paulus, dieses Wort gebraucht, dann meint er ziemlich sicher etwas anderes als das, was wir damit verbinden. Das Wort ist dort viel umfassender und bedeutungsvoller, als wir es meist gebrauchen.
Frieden ist für Paulus der heile Zustand der ganzen Schöpfung, wie Gott ihn will und am Ende der Zeit auch herbeiführen wird. Friede im Sinne von innerer Ruhe im Menschen oder Friede im Zusammenleben zwischen einzelnen Menschen und ganzen Völkern, das sind Teile eines solchen umfassenden Friedens, ebenso Friede als Versöhnung mit Gott. Der heile Zustand der Schöpfung ist für Paulus eigentlich der Normalzustand der Schöpfung.

Dieser Zustand ist erst im Entstehen, und zwar unter großen Schmerzen. Paulus gebraucht dafür im Römerbrief einmal das Bild von einer Geburt: Die Welt liegt in Geburtswehen. Wer schon einmal eine Geburt miterlebt hat, kann sich gut vorstellen, wie schmerzlich und anstrengend ein solcher Vorgang ist und welche Urgewalten da am Werk sind. Friede also etwas, was sich in unseren Tagen unter ungeheuren Erschütterungen erst noch durchsetzen muß.
Ich denke, wir können Paulus heute ganz gut verstehen, wenn er den heilen, in sich stimmigen Zustand der ganzen Schöpfung als eine Frucht des Geistes ansieht, die wächst, aber nicht durch Machen und Planen, nicht einmal durch moralische Anstrengungen herbeigeführt werden kann. Wir bekommen tagtäglich vor Augen geführt, wie ohnmächtig, ja sogar kontraproduktiv wir selber sind, wenn es um den heilen Zustand der Welt geht. Wenn er von uns Menschen herbeigeführt werden müßte, wäre es fast hoffnungslos.
Es wäre schon viel, wenn wir unsere Hoffnung auf das Heil aller Verhältnisse hier auf der Welt aufrechterhalten und durchhalten können und angesichts der unheilvollen Entwicklung im Verhältnis Mensch und Schöpfung nicht resignieren. Beten wir heute besonders um diese Hoffnung.

FÜRBITTEN

Herr Jesus Christus, Friedensfürst, Versöhner und Erlöser, wir rufen zu dir:

- Als Menschen stehen wir vor dir, die am unheilvollen Zustand der Welt mitwirken, oft ohne unsere Absicht. Halte du in uns die Hoffnung auf deine Schöpfungsordnung wach und laß nicht zu, daß wir resignieren.
  (Christus, höre uns. – Christus, erhöre uns.)
- Du hast uns Menschen mit Herz und Verstand ausgestattet. Schenke den Verantwortlichen in Gesellschaft und Politik friedvolle Phantasie und mache sie erfinderisch, wenn es darum geht, an deinem Friedensreich mitzugestalten.
- In allen neuen Nachrichten über kriegerische und zerstörerische Auseinandersetzungen gibt es immer wieder auch Zei-

chen von Verständigung und Versöhnung. Bestärke alle, die sich einsetzen für die Beendigung des Tötens und ermutige sie für weitere Schritte zum Frieden.

– Du hast deiner Kirche eine Botschaft des Friedens anvertraut. Erwecke mutige Zeuginnen und Zeugen, die diese Botschaft leben und so zu Friedensstifterinnen und Friedensstiftern werden.

Herr Jesus Christus, sei in unserer Mitte als unser Friede. Erhalte in uns den Glauben, daß du uns diesen Frieden schenken willst und höre unser Rufen. Amen.

ZUR MEDITATION

Gott, wir zweifeln an deiner Gegenwart. Die Pracht deiner Schöpfung verblaßt, weil wir sie ausbeuten, um reich zu sein. Dabei werden wir ärmer.

In der Unendlichkeit des Alls irren unsere Satelliten umher, nicht vergleichbar mit dem geheimnisvollen Glanz der Sterne.

Wir stehen im Begriff, die Erde, auf der wir leben, durch die Kraft der Atome aus der Bahn zu heben.

Nur in den Weiten des Nordens rinnen noch Bäche glaskar wie zur Schöpfungszeit.

Doch auch dort ziehen die Tiere fort, sterben aus, weil wir die Stille des Raums erfüllen mit Lärm.

Die Vögel unter dem Himmel werden gejagt aus Lust am Töten.

Durch die Industrien ist der Regen sauer, Fische sterben, und Tannen werden braun.

Die Wasser der Erde versiegen langsam, und die Bäume verdorren.

Das Gras wird verseucht. Die Kühe auf den Wiesen fallen um. Blei ist die Ursache.

Nur das Brot mundet noch, doch der Wein schmeckt nach Schwefel.

Unsere Gesichter, geformt nach deinem Antlitz, werden leer. Sorgen nehmen uns den Frohsinn.

Mangelnde Freuden, verwirrende Vielfalt, Überforderung und fehlendes Lob lassen Partnerschaften zerbrechen.

Selbstverwirklichung ist das Stichwort, das DU der Bergpredigt zerrinnt wie Sand.

Gott, wenn wir die Größe deiner Werke, die du in Weisheit erschaffen, weiter zerstören, töten wir uns – deine Schöpfung. Gott, hilf uns.*

Josef Birk

* aus: Elemente 51, Juli 1987, S. 18–19.

Langmut

BEGRÜSSUNG UND EINFÜHRUNG

Sie haben sich entschieden, Ihre alltäglichen Geschäfte wieder zu unterbrechen, um sich innerlich auf das Pfingstfest vorzubereiten. Es ist für die meisten von uns nicht einfach, sich solche Unterbrechungen zu gönnen, weil viele Notwendigkeiten da sind, die es scheinbar nicht zulassen.

Lassen wir uns einige Augenblicke Zeit, um richtig anzukommen.

KYRIE-RUF

Gott, du bist ein Gott nicht des Zornes und der Strafe, sondern der Liebe und Langmut. Deshalb rufen wir zu dir:
Herr, erbarme dich.

Du bist geduldiger mit uns, als es wir selbst oftmals sind. Wir rufen zu dir:
Christus, erbarme dich.

Du gestehst uns zu, immer wieder neu anzufangen. Wir rufen zu dir:
Herr, erbarme dich.

LIEDVORSCHLÄGE

Gesang zur Eröffnung
GL 642 »Eine große Stadt ersteht«

Gesang zum Evangelium
GL 244 »Komm herab, o Heilger Geist«

Gesang zur Gabenbereitung
GL 618 »Brich dem Hungrigen dein Brot«

Dankhymnus
GL 644,5–7 »Gib den Boten Kraft und Mut«

SCHRIFTTEXTE

Lesung: Kol 1,9–11

Evangelium: Mt 13,24–30

AUSLEGUNG

Paulus spricht in den verschiedenen Eigenschaften, die zur Liebe gehören, im Grunde Eigenschaften Gottes an. Es geht heute um eine Eigenschaft, die man am besten mit Langmut übersetzen kann. Ein etwas altertümlicher Begriff, der nicht so recht in unsere Lebenswelt paßt. Kurzfristiges ist angesagt: schneller Erfolg, kurzfristiges, maximal mittelfristiges Denken. Man spricht von einer Schnellebigkeit, die uns alle erfaßt hat. Ungeduld und Hektik sind Frucht dieser Lebensweise. Ist in einer solchen Lebenswelt mit Langmut als Frucht des Geistes etwas anzufangen?
Ich weiß es selber nicht. Ich kann nur aufzeigen, was Paulus mit diesem Wort meint. Sie können dann selber entscheiden, ob Sie mit einer solchen Eigenschaft etwas anfangen können.
Zunächst ist zu beachten, daß Paulus an vielen anderen Stellen mit diesem Wort »Langmut« eine Eigenschaft Gottes umschreibt: Es ist Teil der Gerechtigkeit Gottes, daß er nicht in schnellem Zorn richtet, sondern langmütig ist, d. h. über den Augenblick hinaussieht. Er beurteilt und richtet nicht nach jeweiliger Gefühlslage, sondern er sieht das Ganze, mit unendlicher Geduld. Da haben langwierige Entwicklungen ihren Platz. Das widerspricht vollkommen der allzumenschlichen Vorstellung, daß Gott auf einzelne Taten des Menschen sofort strafend reagiert.
Diese Art von Langmut geben wir als Geistbegabte auch ande-

ren weiter. Das meint Paulus, wenn er Langmut eine Frucht des Geistes nennt. Zuallererst gilt diese Langmut für den Umgang miteinander in der Gemeinde:

- dann ist es nicht mehr möglich, Menschen nur nach einzelnen Taten zu beurteilen;
- dann gestehen wir einander lange Entwicklungsprozesse zu;
- dann können wir mit uns selber liebevoller und geduldiger umgehen;
- dann können wir es uns leisten, Fehler zu machen und sie auch zuzugeben;
- dann können wir immer neue Versuche machen, immer neue Ansätze, auch wenn vieles schiefgeht.

Langmut, nach Paulus, ist nicht eine neue Tugend, sondern eine Eigenschaft, die wir Christen, weil von Gott langmütig behandelt, auch untereinander praktizieren. Ich wünsche Ihnen gerade in unserer schnellebigen Zeit den Geist, der lang mutig sein läßt.

FÜRBITTEN

Herr Jesus Christus, du fügst deine Gemeinde zusammen aus allen Völkern und Sprachen, Nationen und Generationen. Wir bitten dich:

- Schenke uns den Geist der Langmut, daß wir geduldig aufeinander hören und so einander immer besser verstehen.
- Öffne den Jungen und den Alten unter uns Augen und Herz, daß sie einander neu entdecken und gemeinsam Wege finden.
- Bestärke alle, die in der Berufs- und Arbeitswelt für andere Verantwortung tragen mit deinem Geist, damit jede und jeder mit seinen Fähigkeiten und Begabungen gefördert werden kann.
- Erfülle alle, die du in dein Volk gerufen hast, mit dem Geist der Langmut, damit wir nicht müde werden und resignieren, sondern immer besser lernen, die Sprache der Menschen zu sprechen und ihre Nöte zu entdecken.

Lebendiger Herr, erwecke uns und gebiete uns, ermutige und befreie uns, denn du hast uns versprochen, daß du uns nicht verwaist zurückläßt, sondern uns deinen Geist schenkst für heute und für alle Tage, bis in Ewigkeit. Amen.

ZUR MEDITATION

Nichts ist unmöglich

Wenn die Lage schwierig ist,
beunruhigend und bedrückend,
dann ist sie genau so;
aber das ist nicht das Ende der Welt,
geh immer voran.

Wenn die Menschen hart sind,
haßerfüllt und herzlos,
dann sind sie genau so;
und sie sind ein Teil unseres Lebens,
kämpf dich immer vorwärts.

Wenn du dich wie tot fühlst,
niedergeschlagen und entmutigt.
Das ist überhaupt nichts Neues;
wir alle fühlen uns oft so,
stoß immer weiter vor.

Wenn die Zukunft dunkel ist,
trostlos und trübe,
dann ist sie genau so;
das kann nicht immer unverändert bleiben,
nichts ist unmöglich.

(Saul Ndlovu, Zimbabwe)

Josef Birk

Freundlichkeit

BEGRÜSSUNG UND EINFÜHRUNG

Wir sind jetzt schon in der Mitte der neuntägigen Vorbereitung auf Pfingsten angekommen. Auch heute geht es wieder um eine Frucht des Geistes, die eigentlich Gott in erster Linie zugeschrieben werden muß, nämlich die Freundlichkeit.

KYRIE-RUF

Herr, unser Gott, wir denken an die verschiedenen Begegnungen, die wir heute hatten. Wir tun uns öfters schwer, andere etwas von deiner Freundlichkeit spüren lassen.
Herr, erbarme dich.

Du hast den echten Weg gezeigt, wie Menschen miteinander menschlich umgehen können. Vergib uns, wenn wir diesen Weg verlassen und uns auf andere Mittel stützen.
Christus, erbarme dich.

Vergib uns, wenn wir deinem Geist der Menschenfreundlichkeit mißtrauen und uns mit Ungeistern der Unehrlichkeit und faulen Tricks behelfen.
Herr, erbarme dich.

LIEDVORSCHLÄGE

Gesang zur Eröffnung
GL 247 »Komm, Heiliger Geist«

Gesang zum Evangelium
GL 250 »Komm, o Tröster, Heilger Geist«

Gesang zur Gabenbereitung
GL 248,4 –5 »Du mächtger Hauch«

Dankhymnus
GL 244 »Komm herab, o Heilger Geist«

SCHRIFTTEXTE

Lesung: Ps 67

Evangelium: Lk 14,1–6

AUSLEGUNG

»Bitte freundlich lächeln!« Wenn dieser Ausruf des Fotografen ertönt, wissen wir, daß wir für ein paar Sekunden eine freundliche Maske aufsetzen müssen, bis wir nach dem Abdrücken wieder die Gesichtszüge in Ausgangsposition zurücknehmen können.
Eine solche gekünstelte, maskenhafte Freundlichkeit, eine Betätigung der Gesichtsmuskeln, kann wohl bei Paulus nicht gemeint sein.
Ein kurzer Blick auf die Bedeutung des Wortes, das Paulus verwendet, sagt uns etwas ganz anderes. Paulus verwendet das Wort zunächst für die Menschenfreundlichkeit Gottes. Diese Menschenfreundlichkeit ist darin zum Ausdruck gekommen, daß sein Sohn auf die Welt kam. Menschenfreundlichkeit ist keine Tätigkeit Gottes neben anderen, sondern es ist das einzige Handeln, das Gott gemäß ist. Das einzige Gott gemäße Tun ist, uns Menschen gegenüber freundlich zu sein, indem er unser Heil will. Wir haben viele andere Worte dafür, die ähnliches meinen, z. B. Gnade Gottes oder Gerechtigkeit Gottes.
Wenn nun Paulus von der Freundlichkeit als Frucht des Geistes spricht, meint er damit, daß das Weitergeben der Menschenfreundlichkeit Gottes das für uns Christen einzig Gemäße ist. Wer an den menschenfreundlichen Gott glaubt, der kann nicht anders, als andere diese Menschenfreundlichkeit spüren lassen. Die vielen Begegnungen Jesu sind Beispiel dafür, wie der christengemäße Umgang unter Menschen aussieht.
Im einzelnen sind das keine weltbewegenden, riesigen Dinge, aber durchaus menschenbewegendes Verhalten.

Es könnte z. B. bedeuten: entgegengehen statt zurückweisen, ehrlich, aber nicht verletzend seine Meinung sagen; auf gleicher Ebene, nicht von oben herab, dem anderen begegnen.
Der Geist Gottes wird uns behilflich sein, damit solches Verhalten uns hin und wieder gelingt. Christen brauchen nicht immer freundlich zu lächeln. Sich solches vorzunehmen, würde auf die anfangs erwähnte Maske hinauslaufen. Aber als Geistbegabte werden wir hin und wieder etwas von Gottes Geist spüren lassen, ohne daß wir es uns krampfhaft vornehmen.

FÜRBITTEN

Lebendiger Gott, du hast dich in deinem Sohn Jesus Christus in deiner Menschenfreundlichkeit geoffenbart. Wir rufen zu dir:

- Bestärke uns durch deinen Geist, damit wir mithelfen, unserer Welt ein menschenfreundliches Gesicht zu geben.
- Gib allen Müttern und Vätern, allen Erzieherinnen und Erziehern den Glauben, in den Kindern deine Freundlichkeit zu uns Menschen zu entdecken.
- Führe die christlichen Kirchen immer mehr zueinander, damit wir gemeinsam vor der Welt Zeugnis ablegen von deiner Nähe und Güte.
- Erneuere unsere Gemeinde durch deinen Geist, damit wir ein Ort der Freundlichkeit und der Menschlichkeit werden besonders für die, die einsam sind und sich allein gelassen fühlen.

Menschenfreundlicher Gott, du hast uns in Jesus verheißen, daß wir mit unseren Bitten zu dir kommen dürfen. Nimm uns an mit unseren Sorgen und Nöten und zeige dich als unser Gott heute und in Ewigkeit. Amen.

SEGENSGEBET

Nach Psalm 67

Eines wünschen wir uns:
daß Gott freundlich ist und uns segnet.
Daß er uns Licht gibt,

das Licht seiner Liebe,
damit wir auf unserer Erde wissen,
welche Wege wir gehen sollen,
und damit alle Völker das Ziel sehen,
zu dem er führen will.

Die Völker sollen dir danken, Gott,
danken sollen dir alle Völker.
Sie sollen sich freuen,
daß du Recht und Ordnung gabst
und deinen Willen behauptest
unter den Menschen.

Die Völker sollen dich preisen, Gott.
Preisen sollen dich alle Völker,
daß du ihr Leben erhältst
mit Frucht aus der Erde.

Gott, segne uns,
daß auch aus unserem Herzen Frucht wächst:
Glaube und Dank.
Es segne uns Gott,
und alle Welt ehre ihn.

Josef Birk

Güte

BEGRÜSSUNG UND EINFÜHRUNG

»Güte« und »gütig« – das hat in unserem Sprachgebrauch ein »Gschmäckle«; das klingt eher betulich und unterwürfig. Wenn »Güte« am Maßstab der Güte Gottes gemessen wird, fühlen wir uns überfordert von dieser »Maßlosigkeit«. »Güte« als Frucht des Geistes Gottes ermutigt uns:
- uns beschenken zu lassen,
- uns selber gut zu sein,
- und anderen etwas von dieser Güte weiterzugeben.

KYRIE-RUF

Herr, gib uns Mut zum Hören, auf das, was du uns sagst.
Herr, erbarme dich.

Herr, gib uns Mut zum Glauben, an dich, den einen Herrn.
Christus, erbarme dich.

Herr, gib uns Mut zum Dienen, wo's heute nötig ist.
Herr, erbarme dich.

LIEDVORSCHLÄGE

Gesang zur Eröffnung
GL 289 »Herr, deine Güt ist unbegrenzt«

Antwortpsalm
GL 724/2 »Herr, deine Güte reicht«

Gesang zur Gabenbereitung
GL 250 »Komm, o Tröster, Heilger Geist«

Dankhymnus
GL 625/1 »Suchet das Gute« mit GL 750/2 Psalm 119

SCHRIFTTEXTE

Lesung: Ps 118

Evangelium: Lk 15,1–7

AUSLEGUNG

*Mit dem Bild Nr. 810D – Der Gute Hirt, Priscilla-Katakombe, Rottenburger Kunstverlag**

Ich bin der gute Hirt

In den Katakomben, den Grabstätten
der Christen im 3. und 4. Jh. zu Rom,
finden wir über 140mal dieses Bild,
vielleicht das älteste Christus-Bild.
Es zeigt Jesus als den Guten Hirten.
Eine jugendliche Gestalt. Von ihr geht
Kraft, Zuversicht und Geborgenheit aus.
Dieser Jesus sagt von sich selbst:
»Ich bin der gute Hirt. Ich kenne
die Meinen und die Meinen kennen mich.«
Jesus kennt mich, das bedeutet:
Er kennt meine Schwächen, meine Angst.
Er nimmt mich aber an, so wie ich bin.
Der Gute Hirt liebt seine Schafe.
Er macht sich Sorge, er sorgt für uns.
Er weiß vor allem, was wir brauchen. Und
wenn sich ein Schaf verirrt, dann »geht
er dem verlorenen nach, bis er es findet.
Und wenn er es gefunden hat, nimmt

* Bezugsadresse: Reiserstraße 4, 7407 Rottenburg

er es voll Freude auf seine Schultern«
und feiert ein Fest. So freut sich Gott
über Menschen, die er wiederfindet! (Lk 15,7)

Die Christen schauten zu diesem Bild auf.
Sie wußten: Dieser Jesus kämpft für uns.
Er verteidigt uns gegen das Böse.
Er rettet uns, wenn wir verloren sind.
Ja noch mehr, er verspricht uns:
»Ich gebe mein Leben hin für die Schafe.«
Für uns tut er alles, auch das Äußerste.
Er stirbt, damit wir leben können.
Gibt es eine größere Liebe, als wenn
einer sein Leben hingibt für andere?
Die Christen vertrauten auf diesen Hirten.
Sie glaubten fest: Er besiegt auch den Tod.
Er schenkt ihnen – Unsterblichkeit;
denn noch einmal sagt dieser Gute Hirt:
»Ich gebe ihnen ewiges Leben. Sie werden
niemals zugrunde gehen und niemand
wird sie meiner Hand entreißen« (Joh 10,28).
Vorausgesetzt: Wir bleiben in seiner Hand!
Wir hören auf seine Stimme und folgen ihm!
Und wenn wir dennoch aus Dummheit
weglaufen sollten, vergessen wir nie:
Der Gute Hirt – geht uns nach!

Der Herr ist mein Hirt,
nichts wird mir fehlen.
Er läßt mich lagern
auf grünen Auen.
Er führt mich zum Ruheplatz am Wasser.
Er stillt mein Verlangen;
er leitet mich auf rechten Pfaden,
treu seinem Namen.
Muß ich auch wandern
in finsterer Schlucht,
ich fürchte kein Unheil;
denn Du bist bei mir (Ps 23).

(Theo Schmidkonz SJ)

FÜRBITTEN

Im Vertrauen auf deinen Geist, der uns Güte schenkt und lehrt, rufen wir zu dir:

- Für alle, die den Glauben an das Gute verloren haben. (Komm, Heiliger Geist.)

- Für alle, die sich verloren haben und sich nicht gut sein können.

- Für alle, die täglich anderen etwas Güte und Wärme schenken.

- Für uns alle, die wir von Gottes und der Menschen Güte leben.

Herr, deine Güt ist unbegrenzt, sie reicht, so weit der Himmel glänzt. Höre und erhöre unser Bitten. Amen.

IMPULS

Heute könnte ich:

- mir etwas Gutes tun;
- jemandem ein gutes Wort schenken;
- einen anderen der Güte Gottes anvertrauen.

Wolfgang Tripp

Treue

BEGRÜSSUNG UND EINFÜHRUNG

Eine gute Übersetzung dieser geistlichen Frucht heißt:
Treue ist aushalten bei sich, den Menschen und den Dingen. Aushalten kann heißen: ja sagen – zu mir, zum anderen, zu Gott, der mich und unsere Welt durch sein Ja und Amen im Leben hält. Gottes Geist ist uns versprochen als der treue Beistand und Weggefährte.

KYRIE-RUF

GL 165 »Sag ja zu mir, wenn alles nein sagt«

LIEDVORSCHLÄGE

Gesang zur Eröffnung
GL 269 »Nun saget Dank und lobt den Herren«

Antwortpsalm
GL 710/1 »Herr, unser Herrscher« mit GL 710/2 Psalm 8

Gesang zur Gabenbereitung
GL 300 »Solang es Menschen gibt auf Erden«

Dankhymnus
GL 245 »Komm, Schöpfer Geist«

SCHRIFTTEXTE

Lesung: Gen 12,1–6

Evangelium: Joh 15,9–17

AUSLEGUNG

*Mit dem Bild Nr. 832D – Bund Gottes mit Abraham, Rottenburger Kunstverlag**

Bund Gottes mit Abraham

Abraham möchte ein Zeichen von Gott.
Er bekommt es, aber anders als erwartet.
Er bereitet einen Bundesschluß vor
nach altorientalischem Ritual:
Zwischen zerteilten Tierkörpern gehen
zwei Partner wie durch eine Gasse hindurch
und schwören: »So soll es mir ergehen,
wenn ich diesen Bund breche.«
Abraham wartet ab, bis Gott durchschreitet,
um dann nach ihm den Eid zu leisten.
Aber es kommt gar nicht soweit.
Abraham ergeht es wie Jesus am Ölberg,
wie dem Herrn am Kreuz auf Golgota:
Angst überfällt ihn, wirft ihn zu Boden.
Die Sonne geht unter, es wird Nacht.
Dunkelheit *über* Abraham und *in* Abraham.
Er versinkt in einen tiefen Schlaf,
ein Bild für Ohnmacht und am-Ende-Sein.
Dies ist das erste Zeichen Gottes.

Und das ist das zweite Zeichen Gottes:
Durch den ohnmächtigen Abraham hindurch
fährt Gott wie ein Feuersturm,
wie eine Flamme, die ihn durchglüht,
wie ein Feuer, das von ihm Besitz ergreift.
Unser Bild zeigt beide Zeichen Gottes:
Abraham, der nichts mehr tun kann
für Gott, nur noch leidend empfangen;
und Abraham, mit dem Gott etwas tut,
den Gott durch und durch ergreift,
mit dem Gott einen Bund schließt.

* Bezugsadresse: Reiserstraße 4, 7407 Rottenburg

Was bedeuten diese beiden Zeichen,
Gott ruft und beruft den Menschen,
und nicht der Mensch ruft Gott.
Gott erwählt sich seine Zeugen,
und nicht die Zeugen erwählen Gott.
Gott schließt den Bund mit uns,
und nicht wir verbünden uns mit Gott.
Gott liebt den Menschen
und nicht wir Menschen lieben Gott zuerst.
Vielleicht schickt Gott deshalb Dunkelheit,
damit wir ihn als Licht und Feuer erfahren.

Herr Jesus Christus,
Du hast zu Deinen Freunden gesagt:
»Nicht ihr habt mich erwählt,
sondern ich habe euch erwählt« (Joh 15,16).
Und Johannes schreibt:
»Nicht darin besteht die Liebe,
daß wir Gott geliebt haben,
sondern daß er uns geliebt hat« (1 Joh 4,10).
Danke Jesus,
daß Du uns in allem zuvorkommst,
daß du von uns nur eines erwartest:
Deine Liebe anzunehmen,
uns von Dir ergreifen zu lassen –
von Deiner Glut, von Deiner Liebe.

(Theo Schmidkonz SJ)

FÜRBITTEN

Lebendiger Gott, du hast uns die Zusage gegeben, daß du uns treu bist in allen Tagen. Wir kommen mit unseren Nöten zu dir:

- Ermutige alle, die sich um Versöhnung und Gerechtigkeit unter den Völkern und Nationen mühen.
  (Treuer Gott – Wir bitten dich, erhöre uns).
- Ermutige alle, die durch Taufe und Firmung in dein Volk berufen sind, deine Treue in der Welt zu bezeugen.

- Zeige dich unseren Kranken und allen Leidenden als der rettende, heilende und befreiende Gott.
- Richte alle auf, die keine Hoffnung mehr sehen und die den Glauben an sich und die Menschen verloren haben.

Du bist lebendig unter uns mit der Kraft deines treuen Geistes. Nimm unser Beten auf und bestärke uns im Vertrauen auf dein Wort in Christus unserem Herrn. Amen.

MEDITATION

Wenn die Knie zittern und die Stimme versagt – sei du bei mir
Wenn mir schwindlig wird und ich das Gleichgewicht verliere –
sei du bei mir
Wenn die Erde bebt und der Himmel wankt – sei du bei mir
Wenn die Kräfte schwinden und niemand hilft – sei du bei mir.*

Wolfgang Tripp

* aus: Anton Rotzetter, Gott, der mich atmen läßt. Gebete, Freiburg 1985

Sanftmut

BEGRÜSSUNG UND EINFÜHRUNG

»Selig sind die Sanftmütigen, denn sie werden das Land erben« – heißt es in der Bergpredigt Jesu im Matthäus-Evangelium.
Sanftmut ist eine Frucht des Geistes, die uns not-tut. Die Liebe braucht ihre Formen, ihren Ausdruck. Sanft-Mut meint den Mut, zärtlich, behutsam, zuvorkommend und entgegenkommend zu sein. Gegen alle Unterdrückung und alles mit aller Gewalt Sich-Behaupten und Rechtbehalten-Wollen setzt die Sanftmut auf »zarte Zeichen«.
Ein Bild mag einem einfallen:
Durch den Asphalt wächst mit einer mutigen Konsequenz eine Blume, ein Löwenzahn. Sanft fühlt er sich an, eigentlich ist es so einer sanften Pflanze nicht zuzutrauen, harten Stein und Asphalt zu durchbrechen. Und doch schafft sie ihren Weg, kommt ans Licht, durchbricht die harte und leblose Auflage. Nicht mit Gewalt, sondern mit ihrem Leben.
Selig sind die Sanftmütigen, die keine Gewalt anwenden, selig sind, die den Mut haben, sanft zu sein. Denn durch ihr Leben wird die Erde lebendig.

Der Mut, sanft zu sein, bedarf einer »übermenschlichen« Kraft, einer Kraft, die von Gott kommt, der Kraft seines Geistes.

KYRIE-RUF

GL 248 »Nun bitten wir den Heiligen Geist«

LIEDVORSCHLÄGE

Gesang zur Eröffnung
GL 300 »Solang es Menschen gibt auf Erden«

Gesang zum Evangelium
GL 298 »Herr, unser Herr, wie bist du zugegen«

Gesang zur Gabenbereitung
GL 617 »Nahe wollt der Herr uns sein«

Dankhymnus
GL 299 »Manchmal kennen wir Gottes Willen«

SCHRIFTTEXTE

Lesung: Eph 4,1–6

Evangelium: Lk 15,11–32

AUSLEGUNG

*Mit dem Bild Nr. 826D – Rembrandt, Der verlorene Sohn, Rottenburger Kunstverlag**

Die Zärtlichkeit Gottes

Wenn du wissen willst, wie Gott ist,
wie Gott zu dir und zu mir steht,
dann mußt du Lukas 15,11–32 lesen.
Der Maler Rembrandt hat das gewußt.
Verarmt, vereinsamt am Ende des Lebens
schenkt er uns dieses ergreifende Bild:
der barmherzige Vater, der verlorene Sohn.
Was für ein Vater, was für ein Gott!

* Bezugsadresse: Reiserstraße 4, 7407 Rottenburg

»Schon von weitem sieht er den Sohn.«
Er hatte ihn immer in seinem Blick,
verlor ihn nie aus dem Auge.
»Und er hat Mit-Leid mit ihm.«
Er leidet alle Not, alle Scham mit,
auch die Not der Sünde und Schuld.
»Er läuft seinem Sohn entgegen.«
Gott kommt immer entgegen,
jedem von uns, auch dem Sünder –
zuvorkommend, mit Liebe.
Jesus scheut sich nicht zu sagen:
»Gott fällt dem Verlorenen um den Hals,
umarmt ihn und küßt ihn.«
Der umarmende, liebende Gott!

Diese Zärtlichkeit Gottes zeigt unser Bild:
wunderbare Hände, heilende Hände.
Sie bergen und schützen,
sie nehmen den Sohn an wie er ist.
Sie ruhen beruhigend auf seinen Schultern.
Sie streicheln, liebkosen.
Ein Verlorener – jetzt wiedergefunden,
ein Toter – zum Leben erweckt,
ein Sünder – in Liebe geheilt.
Das Bild erinnert an Jesaja 49,14 –16:
»Kann eine Frau ihr Kindlein vergessen,
eine Mutter ihren leiblichen Sohn?
Und selbst wenn sie ihn vergessen würde:
Ich vergesse dich nicht.
Schau her: Ich habe dich eingezeichnet
in meine Hände.«
Liebende Hände, zärtliche Hände!
Das Antlitz des Vaters strahlt hell.
Vielleicht sagt er die Worte Aarons:
»Der Herr segne dich und behüte dich.
Er lasse sein Angesicht über dir leuchten.
Er schenke dir Erbarmen und Heil.«

Gütiger Gott,
grenzenlos ist Deine Güte,

unbegreiflich ist Dein Erbarmen.
Du kennst mich und liebst mich.
»Du umschließt mich von allen Seiten.
Du legst Deine Hand auf mich.
Zu wunderbar ist für mich dieses Wissen,
ich kann es nicht begreifen« (Ps 139).
Gott, ich berge mich
in Deinem Schoß, an Deinem Herzen.
Bei Dir – ist alles gut.
Bei Dir – wird alles heil.
O Gott, ich danke Dir
für Deine Zärtlichkeit.
Ich danke Dir, daß Du mich liebst.

(Theo Schmidkonz SJ)

FÜRBITTEN

Herr,
laß das Böse geringer werden
und das Gute um so kräftiger sein.
(GL 358/3 »Lasset zum Herrn uns beten«)

Laß die Traurigkeit schwinden
und Freude um sich greifen.

Laß uns annehmen und geben können
und einander behilflich sein.

Laß die Mißverständnisse aufhören
und die Enttäuschten Mut gewinnen.

Laß die Kranken Trost finden
und die Sterbenden deine Erbarmung.

Laß uns wohnen können auf Erden
und die Ernten gerecht verteilen.

Laß Friede unter den Menschen sein,
Friede im Herzen – rund um die Erde.

(Nach GL 8/2)

IMPULS

Sanftmut = die Stärke, mit der ein Mensch den Teufel, der ihn reiten will, abwirft.

Sanftmut = die Weigerung wider die Verlockung, die zur Gewalttat reizt.

Sanftmut = die stetige Energie, sich nicht auf die Wege des Nichtsanften abdrängen zu lassen.

Sanftmut = die Unverdrossenheit, sich vom Gehabe des Schroff- und Scharfmutes nicht imponieren zu lassen.

Sanftmut = die Souveränität gegenüber den Prämien des Übertrumpfens.

Habe heute mal den Mut, sanft zu sein!

Wolfgang Tripp

Selbstbeherrschung

BEGRÜSSUNG UND EINFÜHRUNG

Wer dieses Wort benutzt, läuft Gefahr, nicht verstanden zu werden. Das Wort kommt allenfalls in der Form des Befehls oder der Ermahnung mit erhobenem Zeigefinger vor: »Beherrsche dich!« Oder: »Kannst du dich nicht beherrschen?« Aber Paulus geht es in seinem Galaterbrief darum, daß die, die aus dem Geist Christi leben, sich selbst in Pflicht nehmen, um ein Leben zu führen, das die anderen Menschen und Gottes ganze Schöpfung im Lichte geschwisterlicher Verbundenheit sieht. Es geht um das Gegenteil von Habsucht, von konkurrierendem Vernichten und von einem Leben auf Kosten der Natur und anderer Menschen. Selbstbeherrschung meint Leben aus dem Geist, den Jesus seinen Jüngern versprochen hat, den Geist, der alte Herrschaftsverhältnisse auflöst und neue Brücken schlägt vom Gegeneinander zum Miteinander.

KYRIE-RUF

Aufgepeitscht und aufgewühlt bin ich, wie das Meer nach heftigem Sturm.
So wende ich mich dir zu, Gott meines Lebens, und rufe:

Besänftige den Sturm in mir, laß über mir die Sonne leuchten, die alles versöhnt.
Herr, erbarme dich.

Nimm die bitteren Gefühle weg, die mich nicht loslassen wollen, lös die Knoten meiner Seele, die den Fluß des Lebens hindern.
Christus, erbarme dich.

Gib mir die Kraft, die Feinde von gestern als Freunde von heute zu sehen. Schenk mir den inneren Frieden und laß mich frei und ruhig sein.
Herr, erbarme dich.

Herr, banne in mir die zerstörerische Gewalt. Reiß sie aus mitsamt den Wurzeln, damit Raum wird für die Liebe.*

LIEDVORSCHLÄGE

Gesang zur Eröffnung
GL 614 »Wohl denen, die da wandeln«

Gesang zum Evangelium
GL 248 »Nun bitten wir den Heiligen Geist«

Gesang zur Gabenbereitung
GL 622 »Hilf, Herr meines Lebens«

Dankhymnus
GL 280 »Preiset den Herrn, denn er ist gut«

SCHRIFTTEXTE

Lesung: 1 Kor 13,1–13

Evangelium: Mt 18,1–10

AUSLEGUNG

*Mit Bild Nr. 837D – Geistsendung, Rottenburger Kunstverlag***

Sende deinen Geist

Jesus sagt: »Wo zwei oder drei
in meinem Namen zusammenkommen,
da bin ich mitten unter ihnen« (Mt 18,20).
Nur – sie müssen auch wirklich

* nach Anton Rotzetter, Gott der mich atmen läßt. Gebete, Freiburg 1985.
** Bezugsadresse: Reiserstraße 4, 7407 Rottenburg.

zusammenkommen – innerlich.
Das heißt: hinhören auf den anderen
und nicht weniger hören auf Gott;
miteinander offen reden
und ebenso wahrhaftig mit Gott sprechen.
Die Menschen auf diesem Bild tun dies.
Sie sind füreinander Auge und Ohr,
und schauen und hören betend auf Gott.
Als Gemeinde feiern sie Eucharistie.
Sie bitten um den Heiligen Geist.
Ähnlich wie die Apostel damals betet
die Kirche heute in ihrem Hochgebet:
»Sende deinen Geist auf diese Gaben
herab und heilige sie, damit sie uns
werden Leib und Blut deines Sohnes
unseres Herrn Jesus Christus.«
Die Gegenwart des Gekreuzigten und
Auferstandenen deutet der Maler so an:

Maria und Johannes nebeneinander
weisen hin auf die Stunde von Golgota.
Das heilige Brot in der Mitte erinnert
an das Weizenkorn, das sterben muß.
»Brot des Lebens« nennt es Jesus.
Wer davon ißt, kann nicht mehr sterben.
»Ich bin die Auferstehung und das Leben«,
sagt der, der sich als Brot verschenkt.
Und nochmals ruft die Kirche den Geist,
diesmal über die Gemeinde selbst:
»Erfülle uns mit seinem Heiligen Geist,
damit wir *ein* Leib und *ein* Geist
werden in Christus.«
Was Menschen allein nicht vermögen,
schafft der Geist: Einheit in Vielheit,
fruchtbare Ergänzung von Gegensätzen.
Am Ende der Eucharistie steht der Ruf:
»Ite missa est«: Ite! Geht, brecht auf!
Macht euch zusammen auf den Weg!
Missa est: Jetzt ist eure Sendung
in die Welt, *für* die Welt.

Gehet hin in Frieden, stiftet Frieden!
Ihr könnt es. Der Geist ist mit euch.

Komm Heiliger Geist
und verwandle uns.
Du machst aus Allein-Stehenden
Zusammen-Stehende,
aus Einzel-Gängern
Weg-Gefährten.
Durch dich können Stumme
reden und sich mitteilen.
Du kannst unsere Verschiedenheiten
ergänzen zur Einheit.
Komm Heiliger Geist
und sende uns.
Laß unseren Worten
Taten folgen.

(Theo Schmidkonz SJ)

FÜRBITTEN

Lebendiger Gott, im Geist deines Sohnes, der uns ermutigt, mit unseren Bitten zu dir zu kommen, rufen wir:

- Für die Verantwortlichen in Politik und Wirtschaft: daß sie ihre Macht und ihren Einfluß für die Gerechtigkeit und die Versöhnung unter den Völkern einsetzen.
- Für alle, die zu deinem Volk gehören: daß wir uns senden lassen von deinem Geist und Wege finden, wie die, die fremd und allein sind unter uns, Heimat und Aufnahme finden.
- Für die, die in den Krankenhäusern und Altenheimen, in den Kindergärten und Schulen sich um das Wohlergehen der anderen sorgen: daß sie Ermutigung und Bestärkung erfahren in ihren aufopferungsvollen Diensten.
- Für alle, die sich entfremdet und verfeindet haben: daß sie bereit werden, den nächsten Schritt zu gehen, der zum Verzeihen führt.

Gott, du hast uns versprochen, daß, wo zwei oder drei in deinem Namen bitten, du mitten unter uns bist. Schenke uns dein Erbarmen durch Christus unseren Herrn. Amen.

MEDITATION

Angemessen
  will ich reagieren
    auf alles, was mich stört
    und meinen Zorn in Grenzen halten
  Nimm mich an der Hand, mein Gott

Maßvoll
  will ich sein
    in allem, was mich treibt
    und meinen Trieb in Bahnen lenken
  Nimm mich an der Hand, mein Gott

Mäßig
  will ich sein
    in allem, was ich brauche
    und meine Kraft erhalten
  *Nimm mich an der Hand, mein Gott**

Wolfgang Tripp

* aus:Anton Rotzetter, Gott, der mich atmen läßt. Gebete, Freiburg 1985.

Jesu Herz-schlag: die Seligpreisungen

Herz-Jesu-Freitage

Selig seid ihr – Gott hat ein Herz für die Menschen

BEGRÜSSUNG UND EINFÜHRUNG

In den Seligpreisungen Jesu steckt viel Herz. Nicht nur daß zweimal, einmal versteckt, einmal deutlich, das Herz genannt ist: Selig die Barmherzigen (Mt 5,7) und selig, die ein reines Herz haben (Mt 5,8), nein, die Seligpreisungen sind die Herzmitte des Evangeliums. Das haben alle Generationen christlicher Glaubensnachfolge und auch viele Menschen außerhalb einer unmittelbaren Kirchenfrömmigkeit bezeugt und immer wieder bestätigt. In den Seligpreisungen schlägt das Herz Jesu. Sie sind der Ausweis, was er über Gott denkt. In jeder seiner Gesten, Handlungen und Worte zeigt er, was seiner innersten Erfahrung nach von Gottes Art und Wesen gesagt werden kann. »Gott hat ein Herz für den Menschen: Jesus war einer von uns. Gott hat ein Herz für den Menschen, Jesus ist dieses Herz« (GL 552). Dieses neuere Lied aus unserem Gesangbuch faßt diese religiöse Erfahrung des christlichen Glaubens wie in einem Echo zusammen.

KYRIE-RUF

Alles Leben ist dunkel. Keiner weiß, wo er endet. Jeder sehnt sich nach Glück. Gott hat ein Herz für den Menschen: Jesus ward einer von uns.
Herr, erbarme dich.

Jesus lebt' unser Leben. Jesus trug unsre Sünden. Jesus starb unsern Tod. Gott hat ein Herz für den Menschen: Jesus ist einer von uns.
Christus, erbarme dich.

Mitten in Jesu Worten, mitten in Jesu Taten schlägt dies Herz für die Welt. Gott hat ein Herz für den Menschen: Jesus ist dieses Herz.
Herr, erbarme dich.

(Nach GL 552)

LIEDVORSCHLÄGE

Gesang zur Eröffnung
GL 553 »Du König auf dem Kreuzesthron«

Gesang zum Evangelium
GL 568 »Komm, Herr Jesu«

Gesang zur Gabenbereitung
GL 302 »Erhör, o Gott, mein Flehen«

Dankhymnus
GL 127 »Meine Seele preist die Größe des Herrn«

SCHRIFTTEXTE

Lesung: Eph 3,14 –21

Evangelium: Mt 5,1–12

AUSLEGUNG

Herz ist ein Urwort des Menschen. Es meint die innerste Mitte einer Person, aber durchaus und sehr konkret auch die erfahrbare und konkrete Herzmitte seines Leibes, seines Lebens, seiner Person, das Innerste seiner Motive, seiner Gedanken, die Gefühlsmitte, das Zentrum seiner Kräfte und das Zentrum seiner Gefühle. Herz ist dabei nicht nur ein anderes Wort für Liebe,

Herz ist das konkrete Symbol dessen, was einen Menschen bewegt, was ihn treibt, was er erlebt, was ihn bestimmt.
Die Seligpreisungen sprechen nun diese Herzmitte Gottes und das Innerste der Liebe Christi, also die Liebe, die in ihm ist und die er verschenkt, dem Menschen zu. Und darum kann der Mensch das, was er erfährt, zugleich weitergeben: Selig die Barmherzigen, denn sie werden Erbarmen finden..
In der Herzmitte findet sich auch die Feinfühligkeit und das Mitfühlenkönnen des Menschen. Wir sagen, jemand sei warmherzig, er habe ein mitfühlendes Herz. Er habe Gefühle und nicht nur einen Verstand und deshalb habe er auch ein Herz für den anderen. Er sei, was er ist, menschlich, herzlich, ja sogar barmherzig.
Die Bibel spricht in verschiedenen Worten von der Herzlichkeit Gottes und von seiner Barmherzigkeit. »Gott ist ein barmherziger und gnädiger Gott, langmütig und reich an Huld und Treue« (Ex 34,6). An vielen hunderten Stellen redet die Bibel von dieser herzlichen Erbarmung Gottes. In vielen, vielen Gebeten wiederholt sie, was der große Barmherzigkeits-und Vergebungspsalm, Psalm 51, schon gleich in seinem Eingang den Beter aussprechen läßt: »Gott, sei mir gnädig nach deiner Huld, tilge meine Frevel nach deinem reichen Erbarmen!« (Ps 51,3)
Kein Wunder, daß diese Herzmitte Gottes das Innerste des Menschen berührt, auch wenn der gerade hin- und hergerissen und bis in sein Herz erschüttert ist. So fleht der Mensch, der in seinem Herzen weiß, wie es um ihn steht, und öffnet sich damit selbst seinem Gott: »Erschaffe mir, Gott, ein reines Herz und gib mir einen neuen, beständigen Geist« (Vers 12). Gehen wir den griechischen und hebräischen Worten nach, so zeigen sie uns noch einmal eine neue Seite; in dem Wort Gnade und Erbarmen ist ein Hinweis gegeben auf die Eingeweide als Sitz der Gefühle. Wer hätte das nicht schon erfahren, daß bei einer Schreckensmeldung es einem in den Bauch fährt, wie ein Schlag in die Magengrube, oder wenn bei einem freudigen Ereignis das Kribbeln im Bauch ist. Auch das meint Herz im biblischen Sinne.
Diese Herzlichkeit bis zur Barmherzigkeit werden wir haben müssen, um die Probe aufs Exempel zu bestehen, wie wir Christen sind. Selig die Barmherzigen, sie und nur sie werden das Erbarmen, das in der Schöpfung ist und das sich als liebende Erbarmung zeigt, nur sie werden diese Erlösung und dieses Erbarmen finden, das von Gott kommt.

FÜRBITTEN

Gott, unser Vater, in Christus hast du allen Menschen dein Erbarmen angeboten und Zugang zur Herzmitte deiner Liebe geschenkt. So bitten wir:

- Gib uns eine Kirche, die offen ist für alle Zeichen des Glaubens und die selbst bezeugt, daß sie von deinem Erbarmen lebt.
- Laß unsere Gemeinde geprägt sein von offener Herzlichkeit und der Zuversicht, daß deine Gegenwart uns trägt.
- Schenke uns im Lebensraum der Familie und Partnerschaft die Kraft, einander anzuerkennen und zu helfen zur Entfaltung des eigenen Lebens.
- Gib uns einen Blick für die Schwachen und Einsamen, die Probleme der Zukunft und der Welt und eröffne unseren Toten den Zugang zu deiner ewigen Liebe.

Reichtum deiner Gnade und Erbarmen wird uns zuteil in Jesus Christus. Im Vertrauen auf ihn haben wir Zutritt und Anteil an deiner Liebe. Schenke sie uns in der Gemeinschaft des Mahles, das wir in seinem Namen nun begehen. Er, der das offene Herz deiner Liebe ist, Christus unser Herr. Amen.

IMPULS

Aus der Litanei von der Herzlichkeit Gottes

Dein Herzensanliegen: der Mensch

A: Verwandle uns Herr

Durch dein herzliches Umgehen mit den Menschen
Durch dein herzhaftes Zu-gehen auf die Ungeliebten
Durch dein herzhaftes Stehen zu den Unerwünschten
Durch dein herzhaftes Eintreten für die Mühseligen
Durch dein herzhaftes Ja zu den Unglücklichen
Durch dein herzhaftes Bestehen auf der Treue Gottes
Durch dein herzliches Erbarmen für uns alle

Dem ich als Mensch am Herzen liege
Dem ich als einzelner (!) am Herzen liege
Dem ich als Versager am Herzen liege
Dem ich als Sünder am Herzen liege
Dem ich als Un-barmherziger am Herzen liege
Dem ich als Eng-herziger am Herzen liege
Dem ich als Freund am Herzen liege.

Dieter Müller

Selig, die arm sind vor Gott

BEGRÜSSUNG UND EINFÜHRUNG

Das geöffnete Herz Jesu will uns seine Liebe erschließen. Dies ist das Geheimnis Gottes. Seine Liebe, die anders ist als menschliche Liebe, ist »unvernünftiger« und auf jeden Fall größer als die, wie wir sie verstehen. Gottes Liebe geht in den Augen der Welt ins Verlorene. Das Kreuz und die Herzwunde Jesu zeigen es.
Selig – Heil denen, die aus dem Geist arm sind. Das ist keine Vertröstung, keine Rechtfertigung für menschliche Dummheiten, kein Wegsehen, wo Menschen zu den Dummen der Welt gemacht und verspottet werden.
Jesu Wort und die Kraft seiner Speise, die er selber ist, sagen und zeigen anderes: Er stärkt uns in unserer Armut. Er macht uns reich an Leben.

KYRIE-RUF

GL 522 »Jesus Christus, für uns als Mensch geboren«

LIEDVORSCHLÄGE

Gesang zur Eröffnung
GL 621 »Ich steh vor dir mit leeren Händen, Herr«

Gesang zum Evangelium
GL 520 »Liebster Jesu, wir sind hier«

Gesang zur Gabenbereitung
GL 559 »Mein schönste Zier und Kleinod bist«

Dankhymnus
GL 292 »Herr, dir ist nichts verborgen«

SCHRIFTTEXTE

Lesung: 1 Joh 3,11–18

Evangelium: Joh 12,1–8

AUSLEGUNG

»Selig die aus dem Geist Armen, denn ihnen ist das Königtum der Himmel« (Fridolin Stier).

Selig – Heil, denen die aus dem Geist arm sind, denn ihnen gehört das Königtum der Himmel. Wer ist damit gemeint, wer wird da selig gepriesen? Wird hier nicht auf das Jenseits vertröstet? Heil einmal im Himmel?
Ganz sicher sind nicht diejenigen selig, die arm am Geist sind, die Dummen und die Minderbemittelten. Auch war Jesus keiner von denen, die den Glauben an Gott und die Religion dazu benützten, um die Menschen aufs Jenseits zu vertrösten. Ncin, Heil ist hier und heute zugesprochen. Gott ist denen nahe, die aus dem Geist heraus arm sind. Gott ist denen nahe, die wissen, daß sie sich vor Gott nicht auf eigene Verdienste berufen können, die wissen, daß alles von ihm abhängig ist. Selig seid ihr, die ihr das begriffen habt. Ihr braucht euch nicht krumm zu legen vor Gott.
Jesus wußte sich gesandt zu den kleinen Leuten, zu den Armen seiner Gesellschaft. Er zeigte auf, daß Gott alle Menschen liebt, aber daß er eine Vorliebe hat für die Kleinen und für die, welche in der feinen Gesellschaft nichts gelten.
Ist da nicht sehr schnell der Bogen geschlagen zu den Kleinen und Armen unserer Gesellschaft? Er liebt alle Menschen, aber er hat eine Vorliebe für den Sünder und für den armen Schlucker, für den, der es aus eigener Kraft nicht schafft und der seine ganze Hoffnung auf ihn setzt. Gehören dazu nicht auch Flüchtlinge und Asylsuchende heute? Gehören dazu nicht vielleicht auch die Menschen, die bereit sind, auch heute noch sich zu ihm zu bekennen, und die in den Augen der Gesellschaft die Dummen und die Zurückgebliebenen sind, weil sie sich an die altmodi-

schen Gebote christlicher Überlieferung halten? Weil sie zur Minderheit derer gehören, die sonntags zur Kirche gehen oder sogar am Herz-Jesu-Freitag? Sind also wir diese aus dem Geist Armen, denen das selig gilt?
Doch Achtung! Es ist immer gefährlich, wenn man sich selber soviel Rechtschaffenheit bestätigt!
Jesus war ja sehr kritisch denen gegenüber eingestellt, die sich selber für fromm hielten. Könnte es nicht sein, daß er auch heute eine Vorliebe hat für die Randexistenzen der Gesellschaft und für die Randexistenzen der Kirche? Für die, die heute nicht hier sind? Für die, welche unsicher am Suchen sind und die mit unserer Herz-Jesu-Frömmigkeit nichts anfangen? Selig seid ihr, die ihr nicht meint, ihr könntet euch Gott kaufen durch Gebete und Ablässe, durch Wallfahrten und Messen. Wenn Gott alle Menschen liebt, aber seine Vorliebe hat für die Randexistenzen, müßten wir dann das nicht auch heute akzeptieren, ohne an unserer eigenen Frömmigkeit Abstriche zu machen? Zum Nachdenken ist es auf jeden Fall.

FÜRBITTEN

Herr unser Gott, auch in dieser Stunde kommen wir mit unseren Bitten zu dir.

- Wir beten für alle, die sich klein und gering vorkommen, daß sie um ihren Wert vor Gott wissen.
- Wir beten für alle kleinen Leute in unserer Gesellschaft, daß sie nicht unter die Räder kommen.
- Wir beten für alle, die am Suchen sind, daß sie nicht müde werden und dich, den Sinn des Lebens, finden.
- Wir beten für alle Menschen, die in der Kirche kaum beachtet werden, für Geschiedene und Wiederverheiratete, für verheiratete Priester, für Homosexuelle und für kritische Geister, daß sie trotz allem die Erfahrung machen, daß sie von Gott geliebt sind.

Herr unser Gott, Wir kennen deine Vorliebe für die Kleinen und Geringen. Wir danken dir, daß du jeden annimmst, so wie er ist. Wir preisen dich durch Christus unseren Herrn. Amen.

IMPULS

Gebet der Töpfer in Taizé

Herr, mache mich zu einer Schale
offen zum Nehmen,
offen zum Geben,
offen zum Geschenktwerden,
offen zum Gestohlenwerden.
Herr, mache mich
zu einer Schale für dich,
aus der du etwas nimmst,
in du etwas hineinlegen kannst.
Wirst du bei mir etwas finden,
was du nehmen könntest?
Bin ich wertvoll genug,
so daß du in mich etwas hineinlegen wirst?
Herr, mache mich zu einer Schale
für meine Mitmenschen,
offen für die Liebe, für das Schöne,
das sie verschenken wollen,
offen für ihre Sorgen und Nöte,
offen für ihre traurigen Augen
und ängstlichen Blicke,
die von mir etwas fordern.
Herr, mache mich zu einer Schale.

Klaus Braden

Selig, die hungern und dürsten nach der Gerechtigkeit

BEGRÜSSUNG UND EINFÜHRUNG

Wir kommen hier zusammen im Namen Gottes, der ein Gott der Gerechtigkeit ist. Wir sind seine Söhne und Töchter, aber auch seine Mitarbeiter und Mitarbeiterinnen in Sachen Frieden und Gerechtigkeit.
Die Zusage seiner grenzenlosen Liebe und Gerechtigkeit gilt auch uns selber, die wir uns schwertun, Mitarbeiterinnen und Mitarbeiter in seinem Reich der Gerechtigkeit zu sein.

KYRIE-RUF

Wir bitten um Vergebung in der Hoffnung, daß du uns nicht kleinlich richten wirst.

Wir haben versagt, weil wir nicht Zeugnis gegeben haben von deiner Gerechtigkeit und Liebe.
Herr, erbarme dich.

Wir haben versagt, weil wir dich in unser kleinkariertes Denken vereinnahmt haben.
Christus, erbarme dich.

Wir haben versagt, weil wir nicht alle uns zur Verfügung stehenden Möglichkeiten genutzt haben, für mehr Gerechtigkeit unter den Menschen zu kämpfen.
Herr, erbarme dich.

LIEDVORSCHLÄGE

Gesang zur Eröffnung
GL 644 »Sonne der Gerechtigkeit«

Antwortpsalm
GL 236/1 »Das ist der Tag, den der Herr gemacht« mit
GL 236/2 Psalm 118

Gesang zur Gabenbereitung
GL 618 »Brich dem Hungrigen dein Brot«

Dankhymnus
GL 310 »Verleih uns Frieden gnädiglich«

SCHRIFTTEXTE

Lesung: 2 Tim 2,22–26

Evangelium: Lk 4,18–19

AUSLEGUNG

»Tue recht und scheue niemand«, sagen viele und bringen damit den Kernbestand ihrer persönlichen Lebenseinstellung zum Ausdruck. Angereichert und aktualisiert wird dann diese Grundsicht der Dinge mit all dem, was sich von Fall zu Fall aus der öffentlichen Meinung als recht oder gerecht erheben läßt. Man ist schließlich modern und geht mit der Zeit, hat seine eigene Meinung und sucht sich überall das aus, was der eigenen Grundvorstellung am nächsten kommt. Nähere oder tiefere Überlegungen oder Korrekturen sind nicht nötig, denn »die anderen« handeln und denken ja alle ebenso, vorgedacht und aufbereitet von den Medien. So weiß man sich eingebettet in die »Konfession der öffentlichen Meinung« und hat doch für alle anfallenden Lebensprobleme die für sich selbst optimalste Handlungsgrundlage. Strenge, in sich logisch aufgebaute Wertmaßstäbe, wie sie etwa die Religionen oder Kirchen vermitteln, erscheinen viel zu unbeweglich, veraltet und suspekt, als daß sie zu Nachdenken oder gar ernstem Umdenken Anlaß gäben. Man soll schließlich nichts übertreiben und den »150%igen« aller Couleur traut man sowieso nicht über den Weg . . .

Viele Gläubige haben in solchem Umfeld ihres Lebens ihre liebe Not. »Ist das denn wirklich so wichtig?« fragen sie und: »Ganz so streng müßte die Kirche da eigentlich nicht sein!«, und wenn doch endlich »die da oben« nicht mehr so stur wären!
Muß man denn wirklich einen todkranken Menschen über alle zumutbaren Kräfte hinaus in sein Sterben hineinleiden lassen? Muß man denn ein menschliches Wesen in sein Leben mit Gewalt hineinzwingen, wenn sowieso schon feststeht, wie schwer seine Behinderung sein wird? Wäre die Todesstrafe nicht doch ein Mittel gegen schwere Kriminalität, und wenn schon nicht abschreckend, so doch die gerechte Strafe? Im übrigen: Reicht es denn nicht, wenn ich dann und wann zum Gottesdienst komme, wenn mir gerade danach ist, und nicht per Pflicht diesen oder jenen Kult absitze? Und schließlich kann ich meine Umkehr und meine Buße mit meinem Herrgott alleine ausmachen. Aber Beichtstuhl? Die andern tun das doch auch nicht.
Das Problemfeld öffnet sich:
Der Gutwillige, der in seinem Leben gottesgerecht leben will, sieht sich einer breiten Welle von Gerechtigkeitsempfinden gegenüber, das ihn aus überkommenen oder gültig vorgetragenen Verhaltensweisen herauszieht in einen bequemeren Pragmatismus, bei dem man Werte wechseln kann wie abgetragene Wäsche. Wo finde ich nun mehr an Menschlichkeit? Was würde Jesus dazu sagen?
Beim Interessenabgleich wichtiger Lebensfragen hat Jesus, nach der Bergpredigt zu urteilen, seinen eigenen Stil. »Selig, die hungern und dürsten nach der Gerechtigkeit« (Mt 5,6), sagt er und fügt mahnend hinzu: »Wenn eure Gerechtigkeit nicht weit größer ist als die der Schriftgelehrten und Pharisäer, werdet ihr nicht in das Himmelreich kommen« (Mt 5,20). Wer sich daher mit den Grundfragen der Gerechtigkeit auseinandersetzt, findet in Jesus keinen Bündnispartner für wachsweiche Kompromisse. Dehnen und Drehen und Deuteln von Schriften oder Vor-Schriften ist nicht seine Sache. Er geht sogar einen Schritt weiter:
Zu echter *Gottesgerechtigkeit* führt der Weg nur über ein weitaus größeres Gerechtigkeitsempfinden als es die »Offiziellen« vorlegen. Nicht, daß deren Darlegungen falsch seien, sondern daß es sich nur um Rahmenbedingungen handeln kann, die mit Leben erfüllt werden müssen. Wer nach Buchstaben des Gesetzes leben will, der fängt sehr bald an zu handeln und zu feil-

schen. Wem es aber zuerst um »sein Reich und seine Gerechtigkeit geht« (vgl. Mt 6,33), der wird mit dem Herzen engagiert sein und Haltungen entwickeln können, über die sich nur staunen läßt. Die Evangelien entwickeln in vielen Beispielen, wie sich Jesus für das Menschliche eingesetzt hat, die Gesetze Jota für Jota gelten ließ, aber mit dem Geist der Liebe zu leben gezeigt hat. So kann der Römerbrief zurecht sagen, »im Evangelium wird die Gerechtigkeit Gottes offenbart« (Röm 1,17), denn dort erscheinen Glaube, Hoffnung und Liebe als Dreh- und Angelpunkte eines vor Gott und der Welt verantworteten Lebens. Die Notwendigkeit fester Regeln im Zusammenleben der Menschen wird nicht heruntergespielt, der liebende Umgang mit Menschen aber als alte und neue Lebensqualität in Bestehendes eingestiftet.

FÜRBITTEN

GL 29/6 »Herr, mach mich zu einem Werkzeug deines Friedens«, gemeinsam gebetet.

IMPULS

Gerecht sein will ich
  im Denken
Gerecht im Urteil
  Hier und Jetzt
Gerecht sein will ich
  im Handeln
Gerecht in allem
  Hier und Jetzt

Gott sei Du mit mir
  mit Deiner Gerechtigkeit*

Heinrich Klöpping

aus: Anton Rotzetter, Gott, der mich atmen läßt. Gebete, Freiburg 1985.

Selig, die ein reines Herz haben

BEGRÜSSUNG UND EINFÜHRUNG

»Selig, die ein reines Herz haben« – das ist die Verheißung und die Zusage, die wir in diesem Gottesdienst am Herz-Jesu-Freitag feiern.
Vielleicht erschrecken wir: Ich bin doch gar nicht mit einem reinen Herzen hier!
Vielleicht fühlen wir uns gar nicht angesprochen: Ich gehöre nicht zu den Seligen!
Aber Jesus meint uns. Sein Herz schlägt uns. Er begegnet uns als der, der befreit und ein neues, ein weites, ein bereites Herz in uns schaffen will.

KYRIE-RUF

Zu Christus in seiner menschgewordenen Liebe Gottes rufen wir:

Du bist der gute Hirte, der dem Verlorenen nachgeht.
Herr, erbarme dich.

Du versöhnst Gott und Mensch und heilst die Wunden der Sünde.
Christus, erbarme dich.

Du bist selbst die Botschaft der Liebe und des Friedens.
Herr, erbarme dich.

LIEDVORSCHLÄGE

Gesang zur Eröffnung
GL 538,1–3 »O heiliger Leib des Herrn«

Antwortpsalm
GL 85/2 »Gott, tilge mein Vergehn« mit GL 85/3 Psalm 51

Gesang zur Gabenbereitung
GL 559 »Mein schönste Zier und Kleinod bist«

Dankhymnus
GL 245 »Komm Schöpfer Geist«

SCHRIFTTEXTE

Lesung: Ez 11,14–21
Evangelium: Mt 22,34–40

AUSLEGUNG

Ungeteilten Herzens sein

Die Seligpreisung von den reinen Herzen hat es ganz besonders schwer, in unserer Welt ernst genommen zu werden. Rein kann man nur sein, so sagen die Menschen, wenn man von all dem, was in unserer Welt vor sich geht, noch gar keine Ahnung hat oder so tut, als ob man nicht wüßte, was gespielt wird. Das eine ist eine kindliche Naivität, das andere, wenn man sich bewußt so stellt, Verschlagenheit. So urteilen die Leute, und das mit Recht.

Es gibt kein reines Herz auf dieser Erde. Oder nur eine Zeitlang, in der unberührten, gelegentlich verklärten Kindheit. Aber selbst die Kinder unserer Erde wissen, was gespielt wird mit ihresgleichen, in den Hungerzentren der Erde, in den Kriegen und Haßausbrüchen der Völker, was gespielt wird und gespielt wurde in den Lagern und KZs und was drohen kann auf den Straßen und Plätzen, ja hinter friedlich scheinenden Fenstern reicher Vororte, in den Hofeinfahrten und Kellern der Wohnblocks und Steinwüsten der Städte. Kinder leiden in unserer Welt – und nicht nur Kinder. Wie kann Jesus die reinen Herzen selig preisen?

Noch schwieriger wird es, wenn die Reinheit mißverständlich nur auf die Sexualität gemünzt ist. Die Kirche ist sicher nicht unbeteiligt an dieser nicht unbedenklichen Verschiebung. Alle Sexualität kommt in der Geruch der Sünde, selbst die, die sich in

Gedanken abspielt. Wer kann da rein sein? Daß dies mit rein und lauter nicht gemeint sein kann in der Bibel, weiß jeder, wenn er nur ein wenig ernsthaft darüber nachdenkt. Doch das Vorurteil hält sich. Man müßte ganz unberührt von jedweder Regung sein, um ganz rein durchs Leben zu gehen.
Soll dies die Herz-Jesu-Frömmigkeit fördern, ein Abwehrkampf gegen alle sexuellen »Belästigungen«? Das kann die Frömmigkeit nicht wollen. Herz-Jesu-Verehrung meint doch gerade, das durch und durch menschliche Herz im göttlichen Herzen zu suchen, ohne Abstriche, wenn auch ohne Sünde. Wie aber sollen wir uns ein Leben ohne Sünde vorstellen, wenn in der Seligpreisung Jesu die Herzen gemeint sind, nicht nur in ihrer endgültigen Anschauung Gottes, sondern in ihrem jetzigen und irdischen Leben?
Gewiß, die Seligpreisungen gehen von einer anderen Wirklichkeit aus, von der Wirklichkeit Gottes und nicht von unserer sehr irdischen, zerstörten, zerrissenen, sündigen, gottverleugnenden und gottvergessenen Gegenwart. Was Jesus will, ist die Reinheit der Tat und der Gesinnung. Dies ist auch der ursprüngliche Sinn des Wortes, wenn wir in den Psalmen immer und immer wieder den Beter sprechen hören: »Wer darf hinaufziehen zum Berg des Herrn, wer darf stehen an seiner heiligen Stätte? Der reine Hände hat und ein lauteres Herz, der nicht betrügt und keinen Meineid schwört« (Psalm 24,3 und 4). Reinheit war zunächst ein kultischer Begriff und bedeutete: ungeteilt dem einen Gott, der sein Volk aus allen Völkern berufen hat, zu dienen. Kultische Reinheit war der ungeteilte Gottesdienst, der später durch das Wirken der Propheten zur sittlichen Ganzheit bis in die Gesinnung hinein Maßstab des religiösen Menschen wurde. »Denn nicht Schlachtopfer will ich, sondern Liebe, nicht Brandopfer, sondern Gotteserkenntnis« (Hos 6,6). Die ungeteilte Eindeutigkeit der Haltung und der Entscheidung ist wohl das, was Glaube und Religion fordern. Nicht umsonst nennt Jesus in seinem Grundgebot von der Gottes- und Nächstenliebe diese großartige Bundesbindung des Volkes an seinen Gott, die ja nichts anderes ist als die Antwort auf die ungeteilte und unfaßlich unbegründete, in der ganzen Freiheit Gottes liegenden Liebe dieses Gottes zu seinem Volk. »Darum sollst du den Herrn, deinen Gott, lieben mit ganzem Herzen, mit ganzer Seele und mit ganzer Kraft« (Dtn 6,5). Wie aber kann man ungeteilt sein in dieser Welt von verwirrenden

Beziehungen und Informationen? Jeder von uns muß verschiedene Rollen spielen in der Familie, in der Arbeit und anderswo. Er wird als Objekt der Werbung und der Medien in vielfacher Weise gebraucht und mißbraucht. Wie soll man da ungeteilt sein? Wie soll man zwischen Gebet und Arbeit, zwischen Kontemplation und Kampf den rechten Weg finden? Wie soll man zugleich Gottesdienst und Weltdienst leben? Wir müssen auf Jesus selber schauen. Mitten im Tod war er das Leben, mitten in der Krankheit die Heilung, mitten im Streit die Versöhnung, in der Sünde der Richter und doch die Gnade. Aufrichtig soll das Herz sein in seiner Hinwendung zur Gotteswelt. So übersetzt Walter Jens auch diese Seligpreisung mit den Worten: »Wohl denen, die aufrichtig sind in ihrem Herzen. Sie werden Gott sehen.« Ungeteilt soll das Herz sein, nicht halb und halb, sondern ganz. Ganz in der Hoffnung und ganz offen für die gute Wirklichkeit, die Gott heißt und die alle Wirklichkeit trägt. Ganz aber auch in der Zuwendung zur Welt und zu den täglichen Aufgaben. Dies ist das göttliche und menschliche Herz, das wir in der Herz-Jesu-Verehrung als Maßstab unseres eigenen Herzens erwählen. Oder, wie Mutter Theresa sagt, wir sind kontemplativ im Herzen der Welt, da wir jeden Tag, rund um die Uhr, den leidenden Christus in den Sterbenden unserer Straßen berühren. Gegen alle Berührungsängstc wird dieser Haltung des ungeteilten Herzens das »Selig« zugesprochen. Wer keine Berührungsängste vor dem Schmerz, dem Leid des Menschen hat, weil er vor dem Menschen der Not und der Schuld keine Mauern aufrichtet, der ist ungeteilt eindeutig in seiner Liebe.

FÜRBITTEN

Herr unser Gott. Die Größe deiner Liebe hat sich in der Todesnacht des Kreuzes enthüllt, seither ist jede Dunkelheit besiegt.

- Laß im Glauben und Handeln der Kirche deine Liebe sichtbar werden; in dem, was Papst und Bischöfe sagen und Christen an ihrem Ort tun.
  (So bitten wir voll Vertrauen: – Lamm Gottes, erbarme dich).

- Schenke uns vielfältige Fingerzeige für die Gegenwart deiner Liebe, im Erbarmen und der Solidarität mit Hilfesuchenden, im Erlebnis von menschlicher Nähe und Freundschaft, in den Dingen, die Freude machen.

- Gib uns die Kraft, den Schmerz, die Schuld, das Schwere unserer Tage zu tragen, nicht stumpf zu werden, sondern Hoffnung, Kraft und Mut aus dem Glauben zu schöpfen.
- Laß uns Ruhe und Kraft finden im Gebet, in der Feier deiner Gegenwart, durch das Wort des Evangeliums und schenke den Verstorbenen deine ewige Liebe.

Die Liebe muß wachsen, die Angst abnehmen, denn sie ist mit allem Dunklen unseres Lebens und unserer Welt im Kreuz Christi besiegt.
Die Gegenwart deiner Liebe feiern wir, das herzliche Erbarmen für alle, die suchen nach Leben und Erfüllung ihres Lebens, nach Zukunft und Heil für die ganze Welt in Christus Jesus, dem Bruder und Herrn in Ewigkeit. Amen.

Dieter Müller

Selig die Trauernden

BEGRÜSSUNG UND EINFÜHRUNG

Ein Kind weint bitterlich, weil ihm etwas abhanden kam, weil es etwas Schmerzliches erlebt hat, weil ihm einfach zum Heulen ist. Ich habe es häufig genug erlebt, daß Erwachsene in solchen Situationen nichts Besseres zu tun wußten, als zu sagen: »Du brauchst doch nicht zu weinen.« Oder noch unsinniger: »Ein so großer Junge weint doch nicht!«
Wer ist in dieser Situation hilfloser, der Erwachsene oder das Kind? Vielleicht liegt es an diesen Situationen der Ver-tröstung, des Zurückweisens und der Verlegenheit, daß die kleinen Wörtchen Trost und trösten so wenig gebraucht werden.
Um echten Trost geht es in der Seligpreisung: »Selig die Trauernden, denn sie werden getröstet werden«, oder, wie Walter Jens übersetzt: »Trostlos getröstet – bei Trauernden stehen.«
Laßt uns ein wenig nachdenken:
Wann habe ich in letzter Zeit erlebt, daß ich getröstet wurde oder Trost geben konnte?

KYRIE-RUF

Gott, es gibt Augenblicke und Stunden, da verstehen wir nichts von dir, weil wir nicht gelernt haben, Schmerzen, Wut, Ohnmacht und Trauer vor dich zu bringen.

Da du aber ein Gott bist gerade für die, denen zum Weinen ist, rufen wir zu dir:

GL 523 »Du rufst uns, Herr, trotz unsrer Schuld«

LIEDVORSCHLÄGE

Gesang zur Eröffnung
GL 213 »Christ ist erstanden«

Gesang zum Evangelium
GL 241 »Komm, Heilger Geist, der Leben schafft«

Gesang zur Gabenbereitung
GL 517 »Herr Jesus, öffne unsern Mund«

Dankhymnus
GL 518 »Herr Jesus, König ewiglich«

SCHRIFTTEXTE

Lesung: Ps 23

Evangelium: Lk 8,40–42.49–56

AUSLEGUNG

Karl Borromäus soll einem Künstler den Auftrag gegeben haben, den Tod zu malen. Nach einiger Zeit erhielt er eine Skizze, die den Tod als Knochenskelett mit Sense zeigte, eine Darstellungsweise, wie sie besonders von Albrecht Dürer eindrucksvoll gehandhabt wurde, aber auch von vielen anderen. Aber Borromäus hat dagegen interveniert: So nicht! Der Künstler sollte den Tod darstellen als einen Engel mit goldenem Schlüssel in der Hand. Dieser kleine »Bilderstreit« öffnet das Tor zu einem weiten Erfahrungsfeld der Menschen mit dem Tod. Einmal wird er erlebt als der unberechenbare und brutale »Sensenmann«, der mitten ins blühende Leben hineinmähen kann. Ohne Vorwarnung, ohne Rücksicht auf irgendwen oder irgendwas. Eine trostlose Wüste von zerstörten Lebensbeziehungen und Hoffnungen bleibt zurück. Bittere Worte finden dann den Weg über die Lippen: »Herr, du hast mich aus dem Frieden hinausgestoßen; ich habe vergessen, was Glück ist. Ich sprach: Dahin ist mein Glanz und mein Vertrauen auf den Herrn. An meine Not und Unrast denken ist Wermut und Gift. Immer denkt meine Seele daran und ist betrübt in mir« (Klgl 3,17–20).

Das Bild des Engels mit dem goldenen Schlüssel greift eher dort, wo ein Leben nach langem Leiden in hohem Alter »endlich seine Erlösung gefunden hat«, wie es die Trauernden dann nennen. Dann betet man gern mit Worten aus Psalm 23: »Muß ich auch wandern in finsterer Schlucht, ich fürchte kein Unheil« (Ps 23,4a).
Zwischen beiden Bildern erstreckt sich das weite Feld der Erfahrungen mit dem Tod. Aber auch alle anderen Leiderfahrungen können wir hier mit hereindenken: Trostlose Situationen, wenn Liebesbeziehungen zerbrechen, Lebenspläne wie Seifenblasen platzen und Ijob zum vertrauten Bruder wird.
Es ist bereits angeklungen: Im Kampf gegen den Tod oder das Leid schlechthin gibt es viele Wege und Möglichkeiten, damit »fertig« zu werden, die »Sache wegzustecken«, das Leben »muß ja weitergehen«. Tod und Leid wird verboten, bei uns Platz zu greifen. Man will ja noch »was haben« von seinem Leben. Aber das Leid selber darf kaum Platz greifen, verständlicherweise. Welche Erfahrungen bringt da eine junge christliche Gemeinde von der Art eines Matthäus mit ins Spiel, bedrängt von Leid und Todeserfahrung ringsum?
»Selig, die trauern« (Mt 5,4) wird da empfohlen. Wir empfinden diesen Rat und die damit verbundene Verheißung heute so: Gut dran sind all jene, die das Leid an sich heranlassen und ihren Trauerweg gehen. Sie erfahren sich in ihrer Ohnmacht und Begrenztheit, spüren Zorn, bitteren Schmerz und Verzweiflung. Mit Psalmen und Klageliedern verschaffen sie sich bei Gott Gehör. Dabei kann sich das Gesicht des Leides wandeln. Aus dem Gerippe mit der Sense wird zusehends der Engel mit dem goldenen Schlüssel. Dabei kann es mitunter Monate oder Jahre dauern, bis das »zusehends« Wirklichkeit wird. In solchen Zeiten der Trauerarbeit hilft ein »Herzliches Beileid« sowenig wie die Blumen auf dem Sarg. Das sind Tröster für den Augenblick.
Bleibender Trost kann sich dort ereignen, wo Menschen einander an der Hand und mit ins Gebet nehmen. Ein Gebet, das mit jenem Christus Beziehung herstellt, dessen Leiden uns überreich zuteil wird. Sein Leiden, sein Sterben und Auferstehen schenkt uns eine unerschütterliche Hoffnung (vgl. 2 Kor 1,3–11). So kann Trauerarbeit zu einer Wegstrecke der Gemeinde werden, auf der sie Leidende trägt und stützt und die erlösende Kraft des öster-

lichen Geheimnisses vermittelt. So kann im Trauern Neues werden. Ein neues Geflecht an Beziehungen, eine neue Sicht des Lebens, die über den Tod hinausweist. Selig darum alle, die trauern *können*, denn sie werden am ersten den Weg zum Trost in Christus finden.

FÜRBITTEN

Herr Jesus Christus, mit deinem geöffneten Herzen bist du uns nahe in aller Trauer und allem Schmerz. Wir rufen zu dir:

- Tröste die Trauernden und schenke ihnen treue Wegbegleiterinnen und Wegbegleiter.
- Richte die auf, die Schweres durchleben müssen, und sei ihnen nahe in Menschen, die ihnen die Hand reichen.
- Ermutige uns, daß wir die leibliche und seelische Not anderer nicht übersehen, und gib uns ein Herz, das andere trösten kann.
- Erfülle uns mit deinem Geist, daß wir uns mit trostlosen Zuständen nicht abfinden, sondern kämpfen und eintreten für Gerechtigkeit und Frieden.

Herr Jesus Christus, stärke in uns das Vertrauen, daß du uns Trost und Heil bist, in allen Nächten und aller Finsternis. Du, das Licht unseres Lebens, erhelle und befreie uns. Amen.

Heinrich Klöpping

Selig die um der Gerechtigkeit willen Verfolgten

BERGÜSSUNG UND EINFÜHRUNG

Selig seid ihr, wenn sie euch schmähen, verfolgen und euch alles Böse lügnerisch nachsagen um meinetwillen. Freut euch und frohlockt, denn euer Lohn ist groß im Himmel, denn so haben sie auch die Propheten vor euch verfolgt.
Dieser Text der Seligpreisung hat schon vielen Menschen Mut gemacht. Mut in aussichtsloser Lage durchzuhalten, denn was den Propheten geschah, widerfuhr Jesus, und was Jesus widerfuhr, das haben unzählige Menschen durchgemacht. Selig seid ihr.

KYRIE-RUF

Herr Jesus Christus, Zuflucht der Verfolgten, Kraft der Schwachen.
Kyrie eleison.

Herr Jesus Christus, Heil der Ohnmächtigen, Zukunft der Verlassenen.
Christe eleison.

Herr Jesus Christus, Auferstehung der Toten, Leben der Toten.
Kyrie eleison.

LIEDVORSCHLÄGE

Gesang zur Eröffnung
GL 616 »Mir nach, spricht Christus«

Antwortpsalm
GL 746/1 »Beim Herrn ist Gerechtigkeit« mit
GL 746/3 Psalm 116

Gesang zur Gabenbereitung
GL 620 »Das Weizenkorn muß sterben«

Dankhymnus
GL 549 »O Herz des Königs aller Welt«

SCHRIFTTEXTE

Lesung: Jer 20,7–18
Evangelium: Mt 5,1–12

AUSLEGUNG

Die Kirche nennt Leute Märtyrer oder Bekenner, wenn sie um Jesu willen viel durchgemacht haben. Ich denke heute allerdings nicht an die großen Gestalten der Vergangenheit, die häufig heiliggesprochen wurden und auf unseren Altären stehen. Ich denke jetzt an Pablo Morales, den Leiter einer kleinen Rundfunkanstalt in Guatemala, bei dem ich Gast war, und ich denke an Rosaria, die hübsche Indio-Katechetin aus der Diözese Quiche, mit der ich einen Abend lang Mau-Mau spielte. Beide wurden um Jesu Willen geschmäht, als Kommunisten und Terroristen bezeichnet, verfolgt und schließlich umgebracht. Sie hatten nichts anderes getan, als die Botschaft Jesu zu verkünden. Herr Morales im Rundfunk und Rosaria in den Hütten der Indios.
Ich denke an Chico Mendez, den Umweltschützer, die Jesuiten von San Salvador, Erzbischof Oscar Romero und viele unbekannte Katechetinnen und Katecheten.
Weil die Botschaft Jesu Auswirkungen hat, weil die Botschaft Jesu nicht einlullendes Opium ist, sondern sozialen Sprengstoff enthält, deshalb mußten sie sterben. Die Mächtigen können es nicht zulassen, daß die kleinen Leute ihr Schicksal selber in die Hand nehmen wollen. In der Zwischenzeit gibt es in der ganzen Diözese Quiche keinen Priester mehr und keinen offiziellen kirchlichen Mitarbeiter. Doch Leben und Glauben gehen weiter. Einfache Indios haben es sich zur Aufgabe gemacht, trotz Todesdrohungen und Gefahr die Bibel zu teilen und Glauben zu le-

ben. Sie machen einander Mut, nicht aufzugeben und nicht aufzuhören, von der Liebe Gottes zu reden. Seine Liebe aber ist nicht kraftlos und bloß jenseitig. Seine Liebe meint den Menschen hier und jetzt und macht ihm Mut, auch Veränderungen in Angriff zu nehmen.

Selig seid ihr, die ihr in euren Basisgemeinden euch nicht den Schneid abkaufen laßt durch Revolvermänner und Todeschwadronen, denn genauso haben sie auch die Propheten vor euch verfolgt.

Unverständlich für mich aber ist, daß nicht die ganze Kirche hinter diesen Menschen steht, sondern daß es unter den Bischöfen bis hin zum Vatikan Mächtige gibt, die viel lieber mit den Mächtigen der Gesellschaft Verbindung halten, als mit den Kleinen und Mutigen der Lateinamerikanischen Kirche. Unverständlich, weil diese Bischöfe durch ihr Schweigen oder auch Paktieren mit dem Militär denen einen Schein von Rechtfertigung geben, die mit unbarmherzigen Mitteln gegen diese kleine Propheten in Lateinamerika vorgehen. Diese wollen die Botschaft Jesu nicht in der Wirkungslosigkeit himmlicher Vertröstung lassen, sondern möchten sie sozial und politisch in die Tat umsetzen. Sie rufen die Menschen zum Gebet und zum Gespräch zusammen, sie lesen die Bibel und sie entdecken die Liebe Gottes zu ihnen. Und sie entdecken und spüren, daß sie eine Aufgabe haben, ihre eigene Welt und Umwelt zu gestalten. Gottes Liebe möchte im Hier und Heute wirksam werden. Dies zeigt uns das von den Mächtigen und Gewalttätigen geöffnete Herz Jesu. Deshalb sind auch wir alle aufgerufen, in Gebet und politischer Aktion uns einzusetzen für die Menschen, die um der Gerechtigkeit willen verfolgt werden. Was tun wir?

FÜRBITTEN

Guter Gott. Die Lage vieler Menschen auf dieser Welt erscheint aussichtslos. Aber dennoch setzen viele Menschen mitten in der Not ihre Hoffnung auf dich. So kommen auch wir zu dir und bitten:

- Für die Armen in Lateinamerika, für alle, die im Elend leben müssen: Schenke ihnen Mut und Kraft für ihren Kampf um Menschenrecht und Menschenwürde.

- Für alle, die Macht haben in Wirtschaft und Politik, dort und hier: Laß sie nicht ihren eigenen Profit suchen, sondern das Leben der Menschen, für die sie Verantwortung tragen.
- Für alle Mitglieder der christlichen Kirchen, auch für uns selbst: Gib ihnen Einsicht und Entschlossenheit, im Geiste Jesu solidarisch für die Armen und Unterdrückten einzutreten.
- Für alle, die sich unter dem Einsatz ihres Lebens für deine Frohe Botschaft einzusetzen: Hilf ihnen, trotz aller Bedrohung glaubwürdige Zeuginnen und Zeugen deiner Menschenfreundlichkeit und Versöhnungsbereitschaft zu bleiben.
- Für alle Menschen guten Willens: Laß sie nicht resignieren, sondern sich konsequent und hartnäckig für eine Welt einsetzen, in der alle leben können.
- Für uns hier in Deutschland: Öffne unsere Augen und Herzen für das Elend im eigenen Land, für die Asylsuchenden und Wohnungslosen, für die Psychisch-Kranken und Süchtigen.
- Für die Opfer der Gewalt, des Hungers und der vermeidbaren Krankheiten: Schenke ihnen die Fülle deines Lebens, und laß durch ihren Tod die Lebenden zu Einsicht und Umkehr gelangen.

Du bist der Gott aller Menschen. Du willst das Heil und das Leben. Darauf wollen wir vertrauen und dir dafür danken durch ihn, Jesus Christus, unseren Herrn und Bruder, der jetzt mit dir und in unserer Mitte lebt für Zeit und Ewigkeit.

Klaus Braden

All-tägliche Bewegungen

Unterm Jahr

Sich begegnen

BEGRÜSSUNG UND EINFÜHRUNG

Begegnungen unter Menschen sind wichtig, sie tun uns gewöhnlich gut. In dieser Feier begegnen wir unserem Herrn. Er schenkt uns sein Wort und stärkt uns im heiligen Mahl. Seine Gemeinschaft will beleben und guttun. Wir vertrauen, durch ihn können wir wieder aufatmen. Deshalb bitten wir im Kyrielied um seine Zuwendung.

KYRIE-RUF

GL 523 »Du rufst uns, Herr, trotz unsrer Schuld«

LIEDVORSCHLÄGE

Gesang zur Eröffnung
GL 505 »Du hast uns, Herr, gerufen«

Antwortpsalm
GL 676/1 »Meine Seele dürstet nach dir« mit GL 676/2 Psalm 63

Gesang zur Gabenbereitung
GL 623 »Worauf sollen wir hören«

Dankhymnus
GL 269 »Mein ganzes Herz erhebet dich«

SCHRIFTTEXTE

Lesung: Phil 4,4–9

Evangelium: Lk 19,1–10

AUSLEGUNG

Begegnung tut gut. Ob Zachäus das gewußt hat, oder ob er nur neugierig war? Ich weiß es nicht. Sicher ist aber, Zachäus will Jesus sehen. Da kommt es zur Begegnung. Die Blicke treffen sich. Jesus spricht Zachäus an. Und dieser steigt vom Baum. Jesus ist Gast im Haus des Zöllners. Da geschieht Wichtiges. Die Begegnung setzt die Umkehr bei Zachäus in Gang.
Begegnung tut gut. Damals bei Zachäus war das so. Heute kann es bei mir und durch mich sein. Wie sind meine Begegnungen? Was lösen sie aus? Das hoffentlich nicht: Einschränkung, Unmut oder Langeweile. Schön ist es, wenn ich andern so begegnen kann, daß Veränderungen möglich werden. Befreiung oder Ermutigung. So tun Begegnungen gut. Ich bin mir sicher, nicht nur den anderen, genauso auch mir. Es ist gut, wenn wir uns das deutlich machen und zum Beispiel sagen: »Ich freue mich über deinen Besuch. Ich atme auf, wenn ich mit dir reden kann. Du steckst mich an mit deiner Hoffnung. Du tust mir gut.«
Begegnung tut gut. So soll es auch jetzt sein in unserer Feier. Jesus ist der Gastgeber, wir sind die Gäste. Er stärke und belebe uns.

FÜRBITTEN

Herr Jesus Christus, du kommst, um zu suchen und zu retten, was verloren ist. Wir bitten dich:

- Für unsere Kirche und unsere Gemeinde: Laß sie Ort vielfältiger und ermutigender Begegnung sein.
- Für die Ängstlichen und Zweifelnden, die Enttäuschten und Suchenden: Schenke ihnen Hoffnung durch die Begegnung mit lebensfrohen Menschen.
- Für uns selbst: Laß uns offen sein für die Begegnung mit dir.

Herr Jesus Christus, du schenkst uns deine Gemeinschaft. Dich preisen wir mit dem Vater und dem Geist heute und alle Tage. Amen.

Rainer Götz

Hoffen

BEGRÜSSUNG UND EINFÜHRUNG

Ein hoffnungsloser Fall, das ist wohl der blinde Bartimäus aus unserem heutigen Evangelium für viele seiner Zeitgenossen. Nur lästig, daß er herumsteht! Doch es ist anders. Das Evangelium sagt uns: Seht den Bartimäus mit seinem Glauben. Er kann auch euch Hoffnung machen.

KYRIE-RUF

Herr Jesus Christus, du wendest dich uns zu.
Herr, erbarme dich.

Herr Jesus Christus, du rufst uns in deine Gemeinschaft.
Christus, erbarme dich.

Herr Jesus Christus, du stärkst unseren Glauben.
Herr, erbarme dich.

LIEDVORSCHLÄGE

Gesang zur Eröffnung
GL 622 »Hilf, Herr meines Lebens«

Antwortpsalm
GL 698/1 »Der Herr ist nahe allen, die ihn rufen« mit
GL 698/2 Psalm 91

Gesang zur Gabenbereitung
GL 257,7.11 »Durch dich steht das Himmelstor«

Dankhymnus
GL 493 »Lob sei dem Herrn«

SCHRIFTTEXTE

Lesung: Jes 35,1–10

Evangelium: Mk 10,46–52

AUSLEGUNG

Enttäuschung, Krankheiten, Leiden und Katastrophen erleben wir um uns herum und bei uns fast jeden Tag. Unsere Hoffnungen werden uns aus der Hand genommen. Hoffnungen zerbrechen. Verständlich die Klage: Ich bin allein, niemand hilft mir, die Leute sind schlecht! Manchmal habe ich einfach zugestimmt. Ab und zu regt sich der Widerspruch. Denn mit diesen Klagen ist ein falscher Rückzug aus der Gemeinschaft verbunden, Resignation und Selbstaufgabe.

Ich melde also Widerspruch an. Das Beispiel des Bartimäus ermutigt mich. Mag er für die einen ein sogenannter hoffnungsloser Fall sein. Er aber hat die Hoffnung nicht aufgegeben. Er setzt alles auf Jesus. Deshalb zieht er sich nicht zurück. Er will seine Not mitteilen. Er sucht die Gemeinschaft. Er ergreift selbst die Initiative. Er geht auf Jesus zu. Bartimäus schreit hinaus, was er braucht: Erbarmen.

Wie ist es bei uns? Nehmen uns die zerstörten Hoffnungen alles aus der Hand? Bleibt uns ein Funke Hoffnung? Vertrauen wir wie Bartimäus darauf, daß durch Jesus alles gut wird?

Eine Antwort gab mir eine Frau, die schwere Schicksalsschläge durchlebt hat. »Ich halte an meinem Glauben fest. Ich vertraue darauf, daß Gott mir hilft. Ich habe so viel durchgemacht. Ich hab aber auch erlebt, er hilft. Er gibt mir Hoffnung. So schau ich täglich auf's Kreuz. Ich spüre, daß ich nicht alleingelassen bin. Er ist mir nahe. So kann ich mich öffnen und auf andere zugehen. Und ich erlebe: auch andere lassen mich nicht allein.«

FÜRBITTEN

Herr, Jesus Christus, wir rufen zu dir wie der blinde Bartimäus: Jesus, hab Erbarmen.

- Wenn wir das Gefühl haben, uns sei alles genommen. (Jesus, hab Erbarmen.)
- Wenn Einsamkeit uns quält.
- Wenn die Kräfte nachlassen.
- Wenn wir enttäuscht werden.
- Wenn wir kleingläubig sind.
- Wenn Vertrauen mißbraucht wird.
- Wenn Habgier uns gefangen hält.
- Wenn wir kein Herz haben.
- Wenn der Verlust wichtiger Menschen uns schmerzt.

Herr Jesus Christus, du läßt uns nicht allein in unserer Not. Du schenkst uns dein Erbarmen. Dich preisen wir heute und alle Tage. Amen.

Rainer Götz

Mutig sein

BEGRÜSSUNG UND EINFÜHRUNG

»Nur Mut«, sagen wir oft und geben den wohlmeinenden Rat, eine Aufgabe anzupacken, die Wirklichkeit neu zu sehen oder mit den eigenen Kräften haushalterisch umzugehen. »Nur Mut«, das können wir uns selbst jetzt zu Beginn unseres Gottesdienstes sagen, uns dann besinnen auf unsere ängstliche oder mutige Lebensweise und um den guten Geist Gottes bitten. Er soll uns erfüllen und schaffen, daß wir aus Gottes Liebe leben.

KYRIE-RUF

GL 248 »Nun bitten wir den Heiligen Geist«

LIEDVORSCHLÄGE

Gesang zur Eröffnung
GL 462 »Zu dir, o Gott, erheben wir«

Gesang zum Evangelium
GL 521 »Herr, gib uns Mut«

Gesang zur Gabenbereitung
GL 304 »Zieh an die Macht«

Dankhymnus
GL 268 »Singt dem Herrn ein neues Lied«

SCHRIFTTEXTE

Lesung: Jes 43,1–3

Evangelium: Mk 11,15–19

AUSLEGUNG

Ein mutiger Jesus! Ungewohnt emotional ist er. Es geht um eine wichtige Sache. Jesus kritisiert die im Tempel praktizierte Frömmigkeit. Er ist kritisch gegenüber dem Brauchtum. Der äußere Zug des Kultes kann trüben. Entscheidend ist, daß Menschen beten und bereit sind, auf Gott einzugehen. Gottes Wort und Wille soll der tragende Grund ihres Lebens sein. Das Wesentliche muß im Blick sein!
Auch für uns gilt: Entscheidend sind nicht die Formen, sondern der Inhalt. Wichtig ist, was uns trägt und was uns bestimmt. So sollen unsere Gottesdienste helfen, Gott zum maßgebenden Grund unseres Lebens zu machen. Nur Mut, dürfen wir einander sagen, wenn wir unter dieser Voraussetzung kritisch sind. Wir werden Gewohntes durchbrechen, manches in Frage stellen, urteilen und handeln. Es wird Formen geben, die das Wesentliche versperren. Diese können wir beruhigt aufgeben. Wir werden Zeichen, Gesten oder Bräuche wiederentdecken, die zur Mitte führen. Diese werden wir bewußt praktizieren.
Nur Mut, das gilt auch für unser ganz alltägliches Leben. Gewohnheiten sind zu hinterfragen und zu prüfen. Wenn Gott maßgeblich ist für unser Leben, dann dürfen wir es einfach so praktizieren, wie es mir jemand in einem Text vorgeschlagen hat.

Nur Mut!
Ab und zu stöhnen – (es ist so schwer. . . ?)
Ab und zu über sich selbst lachen
Ab und zu bescheidener sein
Ab und zu auf etwas verzichten

Ab und zu eine freudige Überraschung
Ab und zu guten Erfolg

Öfter sich Zeit nehmen für andere
Öfter ein klärendes Gespräch
Öfter helfen, wo Not ist
Öfter den Mitmenschen Freude machen
Öfter über Kleinigkeiten sich freuen
Öfter etwas zum Liebhaben

Jeden Tag von neuem beginnen
Jeden Tag ein wenig freie Zeit
Jeden Tag einen Schritt vorwärts
Jeden Tag Geduld mit sich selbst

Jeden Tag etwas zum Staunen
Jeden Tag eine Prise Glück

Nur Mut!

(Verfasser unbekannt)

FÜRBITTEN

Nur Mut! Beten wir zu Gott unserem Herrn Jesus Christus:

– Für die Gemeinschaft der Glaubenden.
(Stille – Christus, höre uns. – Christus, erhöre uns)

– Für alle, die mächtig sind.

– Für alle, die sich um Recht und Gerechtigkeit sorgen.

– Für alle, die andere prüfen und beurteilen müssen.

– Für alle Ängstlichen und Verzagten.

Gott, du hörst unsere Bitten. Schenke ihnen Erfüllung durch Jesus Christus unseren Herrn. Amen

Rainer Götz

Ernten und abfallen

BEGRÜSSUNG UND EINFÜHRUNG

Wenn ich in diesen Tagen aus meinem Wohnzimmerfenster schaue, sehe ich, daß der Herbst die Natur in zwei Richtungen verändert: die satten, reifen und süßen Trauben und die sich färbenden, welken und abfallenden Blätter des großen Baumes auf der anderen Seite. Hier die arbeitenden, glücklichen und stolzen Weinbergbesitzer mit ihren vielen Helferinnen und Helfern und dort die sich meist in fremden Sprachen unterhaltenden Männer, die die über Nacht abgefallenen Blätter zusammenkehren. Es ist das Doppelgesicht dieser jährlich wiederkehrenden und viel von unserem Leben widerspiegelnden Zeit der Ernte und des Einbringens, des Sammelns und des Zu-Markte-Tragens und die Zeit des Abfallens und Welkens, die Zeit der Vorbereitung auf die »Winterruhe«.
Jesus Christus ruft uns heute zu: »Erkennt die Zeichen der Zeit!«

KYRIE-RUF

Herr Jesus Christus, dein ist die Zeit und dein ist die Ewigkeit.
Herr, erbarme dich.

Herr, Jesus Christus, du bist der Ursprung allen Lebens und unsere Vollendung.
Christus, erbarme dich.

Herr Jesus Christus, in dir ruht alles Wachsen und Reifen, und du segnest unser Ernten.
Herr, erbarme dich.

LIEDVORSCHLÄGE

Gesang zur Eröffnung
GL 560 »Gelobt seist du, Herr Jesu Christ«

Gesang zum Evangelium
GL 280 »Preiset den Herrn, denn er ist gut«

Gesang zur Gabenbereitung
GL 490 »Was uns die Erde Gutes spendet«

Dankhymnus
GL 281 »Danket dem Herrn, denn er ist gut«

SCHRIFTTEXTE

Lesung: Offb 14,14–16

Evangelium: Lk 12,54–57

AUSLEGUNG

Die Ausblicke aus meinen Fenstern und dieses Evangelium werden mir Anlaß zur Besinnung: Was ist bei mir welk und muß abfallen? Was ist bei mir vorhanden, muß gepflegt und zur Blüte und zum Reifen gebracht werden? Was hat die Stunde geschlagen, und wie habe ich mich darauf vorbereitet? Was darf ruhig abfallen, und worauf darf ich stolz sein, weil es so schön und gut gelungen ist? Wie nehme ich das Leben wahr, das um mich herum wächst und reift, das menschliche Leben, das Leben der Pflanzen und der Tiere, die mit mir leben, und wie lebe ich mit dem Sterben, das mir gerade auch in diesen Tagen in seinen vielfältigsten Schattierungen bei jung und alt begegnet? Wie ich dies bedenke, geht die Sonne unter und wirft ein herrliches Abendlicht in mein Zimmer auf meine Schreibmaschine. Notarzt und Rettungswagen fahren vorbei und die Abendglocken läuten. Ich gehe noch ein paar Schritte hinaus – die Weinberge hoch, über abfallende Blätter. Da fällt mir noch ein anderes Jesus-Wort ein: »Ich bin der Weinstock, ihr seid die Rebzweige. Wer in mir bleibt, bringt viel Frucht. Getrennt von mir könnt ihr nichts tun... Ich bin gekommen, damit ihr das Leben habt – und es in Fülle habt.

Laßt uns in der Stille dieses Wort Jesu aus unserem Evangelium noch einmal bedenken. (Die Stelle Lk 12,54–57 sollte noch einmal vorgelesen werden.)

FÜRBITTEN

Herr der Welt, gib uns einen Blick für die Zeichen der Zeit und ein klares Urteil gegenüber den politischen Ereignissen und allem Neuen in unserer Welt. Bewahre uns vor trügerischer Hoffnung und hilfloser Angst. Gib uns Mut und Bereitschaft zu politischem Einsatz. Zeige uns, wie wir in unserem Staat verantwortlich leben und ihn mitgestalten können.

Herr, zeig uns die Welt, wie sie wirklich ist. Zeig uns die Aufgaben, die auf uns warten. Laß uns erkennen, wo du uns brauchst: im Einsatz für deine Ordnung im Eintreten für das Recht, im Kampf gegen den Hunger, in den Rassenkonflikten, in brüderlicher Hilfe für Verfemte, Außenseiter und Kriminelle.
Wie Jesus sich der Armen, der Ausgestoßenen und Verachteten annahm, so soll auch durch uns deine Liebe in der Welt sichtbar werden.

(GL 3 und 4, gemeinsam beten.)

IMPULS

Als kleines Zeichen könnte den Mitfeiernden ein abfallendes Blatt und ein Stück einer Traube geschenkt werden.

Wolfgang Tripp

Wählen

BEGRÜSSUNG UND EINFÜHRUNG

Es ist »Wahlkampfzeit«. Schlagzeilen, Veranstaltungen, Fernseh- und Radiosendungen, Flugblätter und Prospekte, Plakate und öffentliche Kundgebungen prägen diese Tage. Gelingt es, in allem Gegensätzlichen, einander Widersprechendem, in allen Angriffen und »Kämpfen« das Gemeinsame und Verbindende, die gemeinsame Verantwortung und die verbindenden Ziele zu entdecken? Laßt uns in dieser Feier Gott darum bitten.

KYRIE-RUF

GL 523 »Du rufst uns, Herr, trotz unserer Schuld«

LIEDVORSCHLÄGE

Gesang zur Eröffnung
GL 474 »Nun jauchzt dem Herren, alle Welt«

Antwortpsalm
GL 484/1 »Jubelt, ihr Lande, dem Herrrn« mit GL 484/2 Psalm 98

Gesang zur Gabenbereitung
GL 300 »Solang es Menschen gibt auf Erden«

Dankhymnus
GL 297 »Gott liebt diese Welt«

SCHRIFTTEXTE

Lesung: Dtn 30,15–20

Evangelium: Joh 3,14 –21

AUSLEGUNG

Es ist »Wahlkampfzeit«. Der politische »Gegner« ist »aufs Korn genommen«. Die »Strategien« sind entwickelt. Die Rede-»Schlachten« finden tagtäglich quer durch Stadt und Land statt. Die Wahlkampfhelfer sind »mobilisiert«. Es geht um »Sieg« und »Niederlage«. Freunde und Genossen stehen »in Front« einander gegenüber.

Ich bin froh, daß wir wählen dürfen, daß es bei uns möglich ist, über Wege und Mittel politischen Vorgehens zu diskutieren und zu streiten. Wir erleben in diesen Tagen auf drastische Weise, wohin es führt, wenn Menschen mundtot gemacht und Meinungen gleichgeschaltet werden.

Aber mir fällt auf – und die oben zitierten Aussagen sind dafür Belege–, daß in Wahlzeiten eine Sprache gesprochen wird, die verräterisch ist. Wenn Sprache immer die ins Wort gebrachten Gedanken, Empfindungen und Haltungen sind, dann offenbart die Wahlredensprache manchmal erschreckend einen Geist der Gewalttätigkeit und des Hasses. Es ist eine der wichtigsten Regeln des gewaltfreien Dialogs, daß der Weg, der auf ein Ziel hin gewählt wird, und die Mittel, die dabei eingesetzt werden, dem nicht widersprechen dürfen, was dabei erreicht werden soll. Wenn Friede, Gerechtigkeit, Bewahrung der Schöpfung, wenn Kultur und Lebensqualität, wenn Gastfreundschaft und Freiheit zentrale Ziele gesellschaftlichen Zusammenlebens und politischen Arbeitens sind, dann müssen sich auch Stil und Mittel, Sprechen und Schreiben an diesen Werten messen lassen. Und nur der wird dabei glaubwürdig und überzeugend wirken, der auch in der »heißen Phase« vor einer Wahl nicht einfach »zuschlägt« und »austeilt«, sondern sich darauf besinnt, daß unsere Demokratie davon lebt, daß gemeinsame Ziele und Werte gefunden werden.

»Streiten verbindet«, heißt eine alte Weisheit. Sie wird dann wahr bleiben, wenn einer den anderen nicht »niedermacht«, sondern versteht, ihn nicht »wegwischen«, sondern ernstnehmen, ihn nicht »überrollen«, sondern ihn gelten lassen kann – trotz gegensätzlicher Meinung. Ich wünsche uns allen für die kommenden Wahlwochen, besonders auch denen, die Mandatsträger sind und werden wollen, daß wir uns leiten lassen vom Wort Jesu Christi: »Die Wahrheit wird euch frei machen.«

FÜRBITTEN

Gott, unser Vater, im Vertrauen blicken wir auf zu dir und erfahren, daß du immer und überall für uns da bist. Jesus, dein Sohn, hat uns deinen Namen und dein lebensschaffendes Wesen kund gemacht. Im Heiligen Geist, »der vom Vater und vom Sohn ausgeht«, kommt unseren Kirchen die Wahrheit der Dinge, die Einheit der Herzen, die Versöhnung der Menschheit zu. Von diesem Geist bewegt und ermutigt bitten wir voll Vertrauen in den Anliegen unserer Tage:

- Wir blicken auf die Völker der Welt. Zum Frieden sind sie berufen und zur Gemeinschaft. Aber es mangelt das Wohlwollen, der Austausch und die Verständigung. Vorurteile, Angst und Waffen haben immer noch die Oberhand. Viel guter Wille der Politiker erlahmt auf Reisen und Konferenzen. Unsere Welt krankt an der babylonischen Verwirrung der Sprachen und Herzen. Wir sehen die Not, aber sie geht über unsere Kräfte. Deshalb bitten wir für die Völker der Welt um deinen Heiligen Geist.

- Wir blicken auf unsere christlichen Kirchen. Salz der Erde und Licht der Welt sollen sie sein. Und in der Tat setzen viele Getaufte im Dienst der Verkündigung, in der Diakonie, in Mission und Entwicklung ihre Kräfte ein. Doch nur durch dein Zutun wird ihr Einsatz fruchtbar, kommt dein Reich zur Welt. Mehr noch aber bekennen und beklagen wir,daß die Christenheit in vieler Hinsicht ihre erste Liebe verloren hat und lau geworden ist. Während die Zeit drängt, fehlt ihr die Kraft, Gräben zu schließen, Zeichen zu setzen, Hoffnung zu verkünden. Deshalb bitten wir für uns Christen um deinen Heiligen Geist.

- Wir blicken auf die Religionen der Welt, die berufen sind, Halt und Heimat der Seelen, Kern und Stütze der Kulturen zu sein. Aber im Zeitalter der Technik und der globalen Wanderung fallen für sie bergende Grenzen dahin, ist ihr uraltes Glaubensgut von außen und innen angefragt und angefochten, droht der Reflex, daß sie sich voreinander verschließen, einander bekämpfen, und dadurch die Botschaft vom *einen* Gott in *einer* Welt verdunkeln. Weltweit und bisher ungelöst bewegt uns die Frage: Wie werden die Religionen der Welt sich treu bleiben können und doch einander begegnen, einander finden? Deshalb bitten wir für die Religionen der Welt um deinen Heiligen Geist.

- Wir bitten auch für unsere Stadt mit ihren Bürgern, Gruppen, Vereinen, Parteien und Ämtern. In ihr spielt sich ab die Sorge um Arbeit und Brot, um Wohnraum und Asyl. Ungezählte strengen sich an, haben Erfolg, können in Zufriedenheit leben. Wir sehen aber auch die beträchtlichen und oft versteckten Nöte: der Aus- und Umsiedler um eine Wohnung; der Schwachen und Süchtigen um einen Ausweg; der zahlreichen Nationalitäten um Abbau der Mißverständnisse und Sperren; der Alten um gesicherte Renten und menschliche Pflege; der Behinderten um Respekt; der Krankenhäuser um Harmonie zwischen Ärzten, Pflegern und Verwaltung; der Arbeitnehmer in den Familien um genügend Zeit füreinander; der Kulturschaffenden um Zugang zum gesellschaftlichen Leben; der Parteien und Ämter um Rat und Schlüssigkeit. Wer stiftet und rettet auf Dauer die Menschlichkeit? Im Bewußtsein unserer begrenzten Kräfte bitten wir für die Bürger und das Zusammenleben um deinen Heiligen Geist.

- Wir blicken zuletzt jeder einzelne auf sich selbst. In der Geburt bekamen wir Leben geschenkt, in der Taufe »Leben in Fülle«. Wir sollen es hüten und verantworten, es zum Bruder, zur Schwester hin öffnen; wir sollen einer des anderen Last tragen. Aber wir sind diesem mühsamen Weg oft nicht gewachsen, verweigern uns und verfehlen uns gegenseitig, setzen unser Gewissen der öffentlichen Meinung hintan, lassen liegen, was zu tun wäre, und reden und tun oftmals im Gegenteil das, was keinen Wert hat, was anderen nicht hilft und nützt. Aus der großen Sehnsucht heraus, zu reifen, zu gedeihen, mehr und mehr Mensch zu werden, bitten wir um deinen Heiligen Geist.

Herr und Gott, weil wir so sprechen und beten dürfen, sind wir nicht mutlos. Denn wer dir vertraut, wird aufleben. So setzen wir unsere Hoffnung in dich, in deine Gegenwart, in dein Erbarmen. Durch Christus, unseren Herrn. Amen.

Wolfgang Tripp

Auf die Gräber gehen

BEGRÜSSUNG UND EINFÜHRUNG

In diesen Tagen gehen wir »auf die Gräber« und »richten« sie. Wir »besuchen« unsere Verstorbenen und gedenken ihrer. Unsere Erinnerungen gehen zurück, unsere Gedanken sind dort, wo wir Freud und Leid mit unseren Angehörigen geteilt haben, als sie noch in dieser Welt unter uns lebten.
Unser Gottesdienst, den wir feiern, schenkt uns die Verheißung des Auferstandenen: »Ich bin euer Leben. Wer an mich glaubt, hat das Leben.«

KYRIE-RUF

GL 213 »Christ ist erstanden«

LIEDVORSCHLÄGE

Gesang zur Eröffnung
GL 656 »Wir sind nur Gast auf Erden«

Antwortpsalm
GL 89/1 »Der Herr schenkt seinem Volk den Frieden« mit
GL 89/2 Benedictus

Gesang zur Gabenbereitung
GL 660 »Nun lässest, du, o Herr«

Dankhymnus
GL 290 »Gott wohnt in einem Lichte«

SCHRIFTTEXTE

Lesung: Jes 49,1–9

Evangelium: Joh 11,17–27

AUSLEGUNG

»Zur Zeit sterben aber viele Leute. Jeden Tag ist fast eine ganze Seite in der Zeitung voll mit Todesanzeigen«, sagte jemand in dieser Woche, und ich fügte hinzu: »Ja, ich bin auch schon zum vierten Mal innerhalb einer Woche bei einer Beerdigung auf dem Friedhof.«

»Mitten im Leben sind wir vom Tod umfangen« – und die Mitarbeiter vom Friedhofsamt ergänzen noch: »Ja, das geht schon das ganze Jahr so, Woche für Woche sind unsere Beerdigungszeiten ganz ausgebucht!« Und was fast zu nüchtern statistisch klingt, wird ganz persönlich schmerzend lebendig, wenn wir in diesen Tagen zu den Gräbern unserer Verstorbenen gehen, »die Gräber abräumen und richten«, wie wir sagen. »Und die regnerischen und nebligen Tage passen ja auch zu dieser Stimmung«, damit setzte sich unser Gespräch fort und wir tauschten uns über unsere Begegnungen und Erfahrungen mit Tod und Sterben weiter aus. »Und was ist Ihre Hoffnung als christlicher Prediger?« Auf diese Frage war ich nicht gefaßt, und ich war, ehrlich gesagt, froh, daß ich gleich, bei der folgenden Beerdigung, etwas Zeit hatte, wieder einmal darüber nachzudenken, als ich hinter dem Sarg eines verstorbenen Gemeindemitgliedes ganz weit den Friedhof hinaufgehen mußte. An unzähligen Grabsteinen und Grabkreuzen gingen wir vorbei. Die Namen der Verstorbenen waren mehr oder weniger deutlich zu lesen. »Deinen Namen habe ich in meine Hand geschrieben, mein bist du«, dieser Bibelvers kam mir in den Sinn, und mir fiel ein, daß es auf dem Friedhof auch einige Gräber gibt ohne Namen, die sogenannten »Anonymen Grabstätten«, die Gräber derer, die anonym bleiben wollen, die ohne Angehörige starben, die »Sozialamtsfälle«. Aber auch sie hatten und haben einen Namen. Auch sie waren einmal stolz auf ihn, waren einmalig und unaustauschbar einzigartig.

»Ich habe dich bei deinem Namen gerufen«, das ist für mich die große Lebenshoffnung: Gott kennt meinen Namen, er kennt

mich und er kennt die Namen derer, die namenlos auf unserem Friedhof liegen oder deren Namenszüge schon verwittert sind. Einen Namen haben – nicht nur eine Nummer sein, im Leben und im Sterben nicht. Aus der Gewißheit leben dürfen, daß ich nicht zu Tode stürze, auch im Sterben nicht, weil ich in seine Hand eingeschrieben bin – das ist, mitten im Sterben, die Botschaft des Lebens für mich.
Ich wünsche sie Ihnen als Ermutigung und Bestärkung, gerade in diesen Tagen beim Gang zu den Gräbern Ihrer Angehörigen und beim Abschiednehmen von Ihren Verstorbenen.

FÜRBITTEN

Zu Gott, dem Herrn allen Lebens, tragen wir unsere Bitten, wenn wir in diesen Tagen an die Gräber unserer Verstorbenen gehen:

- Du sprichst zu uns das Wort des Lebens. Rufe unsere Verstorbenen am Tag der Auferstehung vor dein Angesicht.
- Aus dir fließen die Wasser des Lebens. Vollende an unseren Verstorbenen, was du in der Taufe begonnen hast.
- Du bist das Licht des Lebens. Laß alle, die nach dem Sinn ihres Daseins suchen, in dir Antwort finden.
- Du zeigst uns den Weg zum Leben. Führe uns aus Leid und Trauer zur Hoffnung der Auferstehung.

Herr Jesus Christus, du bist uns im Leiden und Sterben vorausgegangen, um uns die sichere Hoffnung zu schenken, daß auch wir leben in deinem Leben. Mit allen Erlösten preisen wir dich in Ewigkeit. Amen.

Wolfgang Tripp

Nicht all-täglich

Besondere Anlässe

Ansprechend und anspruchsvoll

Gottesdienst im Rahmen einer Bibelwoche

BEGRÜSSUNG UND EINFÜHRUNG

»Der beste Kommentar zur Bibel ist die Gemeinschaft der in der Bibel lesenden Christen.«
Dieser Satz kann zum einen eine ganz einfache Feststellung sein: Wenn so viele Menschen Sonntag für Sonntag und auch werktags zusammenkommen, Gottesdienst feiern und dabei immer das Wort der Heiligen Schrift hören, dann zeigt das doch, welche Bedeutung dieses Buch mit seiner 3000jährigen Geschichte heute noch hat. Dieser Satz ist zum anderen sicher auch eine Aufforderung an uns: Die Bibel darf nicht unkommentiert stehenbleiben, sie braucht Menschen, die ihre Worte in Taten umsetzen, die leben, was sie lesen.
Versuchen wir in diesem Gottesdienst wieder neu, unser Leben auf die Grundlage der Bibel zu stellen;
bitten wir um die Kraft und den Mut, dieses Buch durch unser Leben auszulegen;
und bitten wir um Verzeihung, wo unsere Worte und Taten schlechte Übersetzungen und schlechte Kommentare zur Frohen Botschaft waren.

KYRIE-RUF

Herr Jesus Christus, dein Wort ruft uns, dein Wort befreit uns, dein Wort schützt uns.
Herr, erbarme dich.

Dein Wort sammelt und tröstet uns, dein Wort nährt uns.
Christus, erbarme dich.

Dein Wort beglückt uns, dein Wort begeistert uns, dein Wort gibt uns Frieden.
Herr, erbarme dich.

Der allmächtige Gott erbarme sich unser, er verzeihe uns unsere Schuld, er gebe uns Kraft zur Umkehr und führe uns zum ewigen Leben.

LIEDVORSCHLÄGE

Gesang zur Eröffnung
GL 521 »Herr, gib uns Mut zum Hören«

Antwortgesang
GL 687 »Dein Wort ist Licht und Wahrheit«

Gesang zur Gabenbereitung
GL 520 »Liebster Jesu, wir sind hier«

Dankhymnus
GL 264 »Mein ganzes Herz erhebet dich«

SCHRIFTTEXTE

Lesung: Jes 55,10–11

Evangelium: Mk 4,1–20

AUSLEGUNG

»Lieber Gott, dein Buch ist sehr spannend. Ich mag Abenteuergeschichten gern. Du hast tolle Einfälle. Ich möchte gern wissen, wo du die herhast. Dein Leser Karl.« Ein spannendes Buch, Abenteuergeschichten, tolle Einfälle – wer würde sich nicht darüber freuen? Aber auf der anderen Seite: Wer würde in diesem Zusammenhang sofort an das »Buch des lieben Gottes«, an die Bibel, denken? Wer von uns Erwachsenen könnte noch so unbefangen, so begeistert an dieses Buch herangehen wie der kleine Karl?

Mit einem spannenden Krimi kann es die Bibel nicht aufnehmen. Wir wissen ja fast immer, wie die Geschichten ausgehen. Wir finden zwar abenteuerliche Dinge, aber das meiste ist uns dann doch wieder zu abenteuerlich, zu weit weg von unserer Wirklichkeit. Was nützen die tollen Einfälle Gottes von damals, wenn wir heute so wenig von seiner Phantasie spüren?
Der kleine Karl würde anders fragen: Was nützen die tollen Einfälle Gottes von damals, wenn euch heute die Phantasie fehlt? Ihr Erwachsenen müßt von uns Kindern wieder lernen, in den Geschichten mitzuleben! Ihr müßt euch ins Gespräch mit biblischen Gestalten verwickeln lassen! Ihr müßt eure Fragen und Hoffnungen mit ihren vergleichen! Das kann reizvoll werden: die eigene Lebensgeschichte anschauen und sich dann von einem Abraham sagen lassen: Auch ich bin Wege geführt worden, die ich nicht wollte – und habe gerade dabei einen Gott erfahren, der Freiheit schenkt und Heimat gibt.
Das eigene Leid überdenken und sich dann von einem Jiob trösten lassen: Auch ich habe an einem Gott gelitten, der Leid zuläßt, der schweigt und nicht hilft – und war trotzdem nicht allein.
Das eigene Versagen eingestehen und sich dann von einem Petrus ermuntern lassen: Auch ich bin schuldig geworden – und konnte jedesmal einen neuen Anfang machen.
So die Bibel zu lesen, ist allerdings auch riskant. Aus den ansprechenden Geschichten werden anspruchsvolle Geschichten. Sie fordern uns heraus, unsere eigene Geschichte mit Gott zu schreiben. Eine Geschichte, die andere an unserem Leben ablesen können, an unserer Offenheit oder Dankbarkeit, an unserer Hilfsbereitschaft oder Fröhlichkeit. Die Bibelwoche, die evangelische und katholische Christen gemeinsam begehen, will uns zu diesem Wagnis ermutigen, ebenso der kleine Karl mit seinem »Kinderbrief«: »Lieber Gott, ich lese dein Buch immer wieder gern. Hast du sonst noch was geschrieben? Ich möchte eines Tages auch ein Buch mit solchen Geschichten schreiben. Mit besten Wünschen. Karl.«

FÜRBITTEN

Laßt uns beten für die ganze Kirche Gottes: daß sie sich auf Gottes Wort verläßt in Glaube, Liebe und Hoffnung. Wir bitten:

- Viele wissen nicht, was sie glauben sollen, und sehnen sich doch nach Wahrheit, die ihr Leben tragen kann. Laß das Wort der Bibel ihnen einleuchten, daß sie dich, Gott, finden als den festen Grund für das Gebäude ihres Lebens.
(GL 465 »Herr, du hast Worte ewigen Lebens«)
- Viele vermissen Verständnis und Liebe in der Welt, in der sie leben: Kalt und interesselos geht man über sie hinweg. Laß das Wort der Bibel für sie aufstrahlen, daß sie, Gott, deine Liebe spüren, als Wärmequelle, die lebendig macht und Liebe zwischen den Menschen weckt.
- Viele sehen keine Zukunft, für die es lohnt zu leben, und arbeiten doch Tag für Tag weiter. Laß das Wort der Bibel Licht sein auf ihrem Weg, das ihre Schritte lenkt und sinnvoll macht von einem Tag zum andern.
- Wir bitten dich, Gott, auch für uns selber, daß unser Glaube, unsere Liebe, unsere Hoffnung fester und stärker werden: Laß uns dein Wort gern hören und bewahren, gründe uns in der Bibel, erwärme uns durch ihre Botschaft, erleuchte uns durch ihre Klarheit, und laß dies alles uns und anderen zum Heil dienen.

(Ernst Lippold, aus einem Werkheft zum Bibelsonntag)

Wolfgang Raible

Alle sollen eins sein

Gebet um die Einheit der Christen

BEGRÜSSUNG UND EINFÜHRUNG

Der Herr lasse uns wachsen und reich werden an Liebe zueinander und zu allen Menschen. Er sei mit euch.

Die Frage der Einheit spielt eine große Rolle im Zusammenleben der Menschen. Es liegt uns viel daran, daß wir einig sind: in der Familie, in der Hausgemeinschaft, in der Partnerschaft, im Team, in der Clique...
Überall da suchen wir aber nicht Uniformität und Gleichschritt, sondern ein lebendiges Einssein, in das jeder seine Gabe einbringen, und in dem jeder sich möglichst frei entfalten kann. Um eine lebendige, lebensvolle Einheit geht es uns. Wenn wir heute im Gottesdienst um die Einheit unter den Christen bitten, dann gilt dasselbe: Wir suchen nicht Einheitlichkeit und Gleichmacherei. Wir suchen nicht die Einheit der Statuten und Verordnungen. Wir suchen die Einheit der Christen im Geist Jesus Christi, im Geist der Liebe, die jeden mit seiner Eigenart, mit seiner Geschichte, mit seinem Leben ernst nimmt. Um diese Einheit, die von innen heraus wächst, aus der Mitte, aus der Verbundenheit mit Jesus Christus, lasst uns bitten:

KYRIE-RUF

Herr Jesus Christus, du hast uns alle gerufen, dein wahres und frohmachendes Wort zu hören: Laß uns darin eins werden für unseren Weg.
Herr, erbarme dich.

Herr, du lädst uns an deinen Tisch und schenkst uns Gemeinschaft mit dir: Gewähre uns volle Tischgemeinschaft untereinander ohne alle Spaltung und Trennung.
Christus, erbarme dich.

Herr Jesus Christus, du hast uns allen den Heiligen Geist als Beistand verheißen: Laß uns deiner Führung vertrauen und aufbrechen aus unserer Enge.
Herr, erbarme dich.

oder

GL 644,1–3 »Sonne der Gerechtigkeit«

LIEDVORSCHLÄGE

Gesang zur Eröffnung
GL 640,1 »Gott ruft sein Volk zusammen«

Antwortpsalm
GL 646/4 »Herr, führ uns zusammen« mit GL 730/2 Psalm 57
oder
GL 651 »Ihr seid der Tempel Gottes«

Gesang zur Gabenbereitung
GL 248, 1–3 »Nun bitten wir den Heiligen Geist« oder
GL 260, 1–5 »Singet Lob unserm Gott«

Dankhymnus
GL 634, 1.4–5 »Dank sei dir, Vater«

SCHRIFTTEXTE

Lesung: 1 Kor 12, 4–11

Evangelium: Joh 15, 1–5.9–11

AUSLEGUNG

Oft genug im Gespräch mit jungen Christen, die vor der kirchlichen Trauung stehen und verschiedenen christlichen Kirchen angehören, merke ich, daß sie kein rechtes Verständnis dafür haben, was die christlichen Gemeinschaften eigentlich noch trennt. Für sie ist die Kirchentrennung nicht viel mehr als eine Sache eigensinniger Amtsträger, ein Ausdruck von Altersstarrsinn oder das Festhalten an irgendwelchen unwichtigen, lebensfernen Äußerlichkeiten.

Ich erlebe da in mir einen rechten Zwiespalt: Zum einen sehe ich in solchen Äußerungen eine gewisse Oberflächlichkeit. Als Theologe habe ich das Empfinden, daß da all die tiefschürfenden, theologischen Fragen, die in langen Jahrhunderten von gescheiten, ernsthaften Männern und Frauen in der Kirche bedacht wurden, einfach beiseite geschoben werden; und ist es nicht eine alte Erfahrung, daß Ungeklärtes, das einfach nur »unter den Teppich« gekehrt wird, sich doch wieder »meldet«?

Aber andererseits frage ich mich halt doch auch: Stecken wir Menschen heute nicht in einer Zeit so gewaltiger Umbrüche, so riesiger Herausforderungen und ganz neuer Erfahrungen im Umgang mit den Naturwissenschaften, mit der Technik, in der Begegnung mit den Kulturen und Religionen der Erde, daß die Probleme zwischen den unterschiedlichen christlichen Kirchen und theologischen Schulen als kleinkarriert und lebensfern erscheinen müssen?

Jedenfalls: Was an uns ist, was wir hier am Ort miteinander tun können, was uns als Christen verschiedener Konfessionen heute schon aufgegeben ist, das sind zumindest zwei Dinge: Zum ersten: Daß wir uns als Christen ohne falsche Scheu und mit Offenheit um all die Fragen bemühen, die uns *gemeinsam* in unserer Umwelt und Gesellschaft gestellt sind: Wo haben wir unsere Verantwortung gegenüber den bedrohten Geschöpfen? Was tun wir hier am Ort zum Schutz des »gefährdeten Lebens« jeder Art? Sorgen wir gemeinsam dafür, daß unsere Kinder in einer lebenswerten und liebenswerten Welt aufwachsen? Bemühen wir uns um gemeinsame Antworten auf die vielen ethischen, gesellschaftlichen Fragen? Wo wir diese Fragen ernstnehmen, werden wir spüren, wie sehr wir als Christen verschiedener Konfessionen zusammengehören.

Zum zweiten: Aufgegeben ist uns als Christen hier am Ort,daß wir die Gelegenheit nützen, miteinander das Wort Gottes zu lesen, auf Gottes Wegweisung zu achten, und miteinander im Gebet zu erleben, daß ER da ist, – verbindend, nahe, unabhängig von allen konfessionellen Grenzziehungen. Ökumene ist eine Suche, ist ein Weg. Wir stehen, trotz aller schönen Erfolge

in der Begegnung, doch immer erst am Anfang. Aber unser Herr ist uns schon voraus. Unsere Schritte sind manchmal noch so arg zögerlich, noch allzu ängstlich. Wir halten manchmal doch noch sehr an den ausgefahrenen Gleisen fest! Fehlt uns das Vertrauen? Trauen wir's dem Herrn doch nicht zu, daß er seiner Kirche morgen eine neue, lebendige Gestalt geben kann, in der die Einheit stärker ist als der Eigensinn der Einzelnen, in der die Gemeinsamkeit in Liebe mehr gilt als die Selbstbehauptung der Starken?
»Herr, zeige uns, daß du uns vorausgehst, und daß du uns herausrufst aus den Versteinerungen der Vergangenheit.«

FÜRBITTEN

Herr, du hast uns zu deiner Gemeinde berufen. Wir danken dir, daß wir zu dir gehören dürfen. Wir müssen uns allerdings anklagen, daß wir allerlei Spaltung und Trennung in die Gemeinde der Christen hereingetragen haben. Wir bitten dich:

- Für die Theologen aller christlichen Kirchen: um die leidenschaftliche Bereitschaft, die Einheit im Glauben durch Forschung und Gespräch zu fördern.
- Für die Amtsträger unserer Kirche: um die Einsicht, daß ihre Aufgabe der Dienst an der Einheit aller Glaubenden und der Dienst der Versöhnung ist.
- Für die Glieder der christlichen Gemeinden hier am Ort: um die Sehnsucht nach der Einheit der Christen und um die Bereitschaft, miteinander zu leben, miteinander zu glauben und miteinander zu feiern.
- Für die Menschen, die unter der Trennung der Christen ganz persönlich zu leiden haben: um die Offenheit, über ihre Fragen und Nöte zu sprechen, und um den Geist gesunder Unruhe, der von ihnen ausgeht.

Herr, führe uns heraus aus der Enge, und laß uns hinfinden zum gemeinsamen Lobpreis deines Namens. Dir sei die Ehre in alle Ewigkeit.

Wolfgang Schrenk

Zu dir, Herr, dürfen wir kommen

Bittgottesdienst für die Bittage

BEGRÜSSUNG UND EINFÜHRUNG

»Laß deine Güte über uns walten, o Herr, denn wir schauen aus nach dir (Ps 33,22).
Es tut gut, daß wir mit allem,was an Bitten, Ängsten und Hoffnungen in uns ist, hierher kommen können. Es tut gut, nicht allein zu sein, jetzt – in der Stunde des Gebets.
Jesus Christus macht uns Mut, alles, was uns drückt, vor Gott zu bringen. Er sagt uns: »Der Vater im Himmel hat ein Ohr, ein Herz für euch.«
Unser Gebet hier stellt uns in die Reihe der vielen Beter auf der ganzen Erde. Unvorstellbar, unermeßlich ist die Last, unter der Menschen stöhnen, schreien oder schon verstummt sind. Uns ist – auch hier an unserem kleinen und bescheidenen Ort – eine weltweite Solidarität aufgegeben.

KYRIE-RUF

(Ganz oder teilweise – Kehrvers – zu singen: Gotteslob 721/1 und 712/2)

Wir treten vor den Herrn und beten (singen) miteinander:
Kv: Du führst mich hinaus ins Weite; du machst meine Finsternis hell.

Mich umfingen die Fesseln des Todes, mich erschreckten die Fluten des Verderbens.
In meiner Not rief ich zum Herrn und schrie zu meinem Gott.

Kv

Er griff aus der Höhe herab und faßte mich, zog mich heraus aus gewaltigen Wassern.
Er führte mich hinaus ins Weite, er befreite mich, denn er hatte an mir Gefallen.

Kv

Du, Herr, läßt meine Leuchte erstrahlen, mein Gott macht meine Finsternis hell.
Mit dir erstürme ich Wälle, mit meinem Gott überspringe ich Mauern.

Kv

oder

GL 303 »In Gottes Namen«

LIEDVORSCHLÄGE

Gesang zur Eröffnung
GL 304, 1–2 »Zieh an die Macht« oder
GL 306, 1.4–5 »O Gott, streck aus«

Antwortpsalm
GL 718/1 »Der Herr ist mein Hirt« mit GL 718/2 Psalm 23

Gesang zur Gabenbereitung
GL 490, 1–3 »Was uns die Erde Gutes spendet« oder
GL 300, 1–4 »Solang es Menschen gibt auf Erden«

Dankhymnus
GL 297, 1–2.4–6 »Gott liebt diese Welt«

SCHRIFTTEXTE

Lesung: 1 Petr 5,5b–7

Evangelium: Mt 7,7–11

AUSLEGUNG

Tagsüber ist unsere Kirche ein stiller Ort. Die Tür ist offen. Immer wieder tritt einer ein, um Einkehr zu halten. Manch einer findet zur Ruhe, zum Gebet. Nicht wenige zünden auch eine Kerze an. Sie brennt für ihr Anliegen, für eine Sorge, für einen Schmerz. Andere vertrauen sich mit dem, was ihnen am Herzen liegt, dem Fürbittbuch an, das aufliegt. Sie alle gehen aus sich heraus und sagen: »Herr, es ist gut, daß du da bist, und daß wir zu dir kommen können.« Und wenn wir in diesen Tagen in einer Prozession durch die Fluren ziehen, dann ereignet sich noch einmal dasselbe: Wir gehen aus uns heraus, wir nehmen die Welt um uns in den Blick. Wir holen sie herein in unser Gebet. Wir kommen nicht »weltlos« zu Gott.

Was mich bei all diesen Formen des Bittgebets plagt, das ist die Frage: Hat unser Glaube da nicht allzu »bettelhafte« Züge? Müßten wir uns dafür nicht schämen? Nein, das ist es ja gerade, was wir bei Jesus Christus lernen dürfen: Er lädt uns ein, mit ihm zusammen glauben zu lernen, mit ihm zusammen zum Vater zu gehen und zu ihm »Abba«, lieber Vater, zu sagen. Wir dürfen alles vor ihn bringen! Er wartet richtiggehend auf uns! Und er wird nicht unwillig! Wenn es mir gelingt, dieses Vertrauen zu lernen, in dieses Vertrauen hineinzuwachsen, dann kann in mir etwas neu werden, dann kann sich in mir etwas verwandeln?

- Ich lerne es, *mich anzunehmen!* Meine Schwachstellen, meine Grenzen und meine Ängste verstecke ich nicht mehr. Ich verwende keine Energie darauf, das alles zu übertünchen. Ich stehe dazu. Ich finde zu mir selbst, ich erlebe eine Stunde der Wahrheit.
- Ich lerne es, *über mich selbst hinauszusehen!* Ich stehe ja mit meinem »Päckle« nicht allein vor Gott. Viele stehen neben mir. Ich bin einer unter vielen. Und wie gering ist vielleicht meine Last, wenn ich in die Runde der Bittenden schaue – weltweit?! Ich lerne es so, die vielen Stimmen der Menschen in meiner Nähe und in der weiten Welt zu hören, die um Hilfe rufen. Ich werde hellhörig. Ich finde in eine neue Solidarität mit all denen, die mit mir zu tragen, zu leiden, zu fragen und zu suchen haben.
- Und schließlich *finde ich ein Du.* Ich lerne zu sagen: »Du, Herr, es ist gut, daß es DICH gibt, und daß ich DICH haben darf als das große DU meines Lebens.«

Wenn ich so wirklich bewußt, mit empfindsamem Herzen und offen in das Bittgebet hineingegangen bin, komme ich anders wieder heraus. Da geschieht mit mir etwas. Ich erlebe an mir selbst eine Wandlung. Zum erneuernden, verwandelnden Gebet lade ich Sie und Euch ein.

FÜRBITTEN

GL 790/2 Das allgemeine Gebet

oder

Herr und Gott, getreuer Vater, wir klopfen bei dir an und bitten dich im Vertrauen:

- Wir blicken auf die weite Welt, auf die Menschen und Völker, die unter Krieg, Hungersnot und Krankheitsepidemien leiden: Führe die ganze Menschheit auf dem Weg des Friedens und des gerechten Ausgleichs.
- Wir blicken auf die Kirche, – die Kirche hier am Ort, in unserem Land, auf der ganzen Welt: Schenke ihr deinen Geist, daß er die Verkrustungen aufbricht und in ihr lebendige Zellen des Glaubens, der Hoffnung und der Liebe schafft
- Wir blicken auf die vielen bedrückten und angstvollen Menschen in unserer Umgebung: Gib ihnen die innere Kraft, ihre Grenzen anzunehmen, und verwandle ihre Angst in festes Vertrauen.
- Wir hören in uns selbst hinein und achten auf das, was sich in unserem Innersten regt: Befähige uns, zu unserer Not, zu unseren Sehnsüchten zu stehen und sie auch mutig auszusprechen.

Herr, bei dir finden wir Leben, Kraft und Hoffnung. Es ist gut, daß wir zu dir kommen können. Höre und erhöre uns. Amen.

Wolfgang Schrenk

Ihr seid nicht mehr Fremde

Woche der ausländischen Mitbürgerinnen und Mitbürger

BEGRÜSSUNG UND EINFÜHRUNG

Wir sind keine Inseln. Der einzelne Mensch nicht, auch das einzelne Volk nicht. Wir leben eingebunden in eine größere Lebensgemeinschaft.
Und gerade im Leben der Völker wird es uns heute immer klarer: Die wichtigsten und drängendsten Fragen und Probleme kann nicht *ein* Volk, *eine* Volksgruppe, *ein* Land für sich allein lösen. Eine der schwierigsten Fragen für uns heute ist der Umfang der Flüchtlingsbewegungen auf dieser Erde: von Ost nach West, von Nord nach Süd, vom Land in die Städte. Auch zu uns sind viele Fremde gekommen, Menschen aus anderen Sprachen und Kulturen. Viele sind aus ihrer Heimat geflüchtet und klopfen bei uns an, weil sie sich nach einem Leben ohne Hunger und Not, ohne Terror und Krieg sehnen. Das Klopfen an unserer Tür empfinden manche unter uns als bedrohlich. Sie haben Angst.
Wo stehen wir?
Die deutschen Bischöfe haben in einer Denkschrift geschrieben: »Wir leben in einem Jahrhundert der Flüchtlinge. Der Platz, den die Kirche einzunehmen hat, ist ihr zugewiesen: auf der Seite der Flüchtlinge.«
Wie gehen wir mit dieser Herausforderung um?

KYRIE-RUF

Damit aus Fremden Freunde werden, kommst du als Mensch in unsre Zeit: Du gehst den Weg durch Leid und Armut, damit die Botschaft uns erreicht.
Herr, erbarme dich.

Damit aus Fremden Freunde werden, lebst du die Liebe bis zum Tod. Du zeigst den neuen Weg des Friedens, das sei uns Auftrag und Gebot.
Christus, erbarme dich.

Damit aus Fremden Freunde werden, gibst du uns deinen Heilgen Geist, der trotz der vielen Völker Grenzen, den Weg zur Einigkeit uns weist.
Herr, erbarme dich.

(Text: Strophen des Liedes »Damit aus Fremden Freunde werden«, Text und Melodie von Rolf Schweizer, © by Bärenreiter-Verlag, Kassel und Basel)

LIEDVORSCHLÄGE

Gesang zur Eröffnung:
GL 265,1–3 »Nun lobet Gott im hohen Thron« oder
GL 278,1–3 »Ich will dir danken, Herr«

Antwortpsalm
GL 753/1 »Der Herr hat Großes an uns getan« mit GL 753/2 Psalm 126

Gesang zur Gabenbereitung
GL 262, 1–2 »Nun singt ein neues Lied dem Herren« oder
GL 619, 1–3 »Was ihr dem geringsten Menschen tut«

Dankhymnus
GL 262 »Lobet und preiset ihr Völker den Herrn«
GL 297, 1–2.4–7 »Gott liebt diese Welt«

SCHRIFTTEXTE

Lesung: Eph 2, 11–19

Evangelium: Mt 25, 31–41

AUSLEGUNG

Unser Evangelium heute lädt uns alle in eine »Sehschule« ein. Denn irgendwie ist mit unserer Wahrnehmung und unserer Sehschärfe etwas nicht in Ordnung: Wir sehen und sehen doch nicht. Besondere Probleme haben wir damit, die Fremden unter uns richtig in den Blick zu bekommen.

Wir bleiben da so sehr an der Oberfläche hängen. Unsere Perspektive ist auch irgendwie verzerrt. Etwa haben wir keinen Blick dafür, daß in unserem Land viele einfache, dreckige, unattraktive Arbeiten nicht mehr getan würden, wenn wir nicht ausländische Mitbürger bei uns hätten! Oder daß die Fremden uns etwas zeigen und vorleben, was wir längst verloren haben: den Zusammenhalt in der Familie, die Gastfreundschaft in den Häusern, – das nehmen wir nicht wahr! Wir blieben lieber bei unserer oberflächlichen Sicht. Die Stammtischparolen sind für uns bequemer. Ja, der blinde Fleck!

Jesus Christus findet sich nicht damit ab. Ihm liegt daran, uns zu heilen und unseren Sehfehler zu beheben. Er ist ein liebenswerter, aber auch ein konsequenter Arzt. Er meint es erwiesenermaßen gut mit uns. Seine Heilungsmethoden: Er stellt sich gerade zu denen, die wir so leicht übersehen. Er ergreift Partei für die, die wir unbeachtet lassen. Er tritt für den ein, den wir gern übergangen hätten. Er solidarisiert sich mit denen, die wir am liebsten bei Seite ließen.

Indem er sich selbst dorthin stellt, können wir nicht mehr umhin, dorthin zu schauen: auf die Kleinen, die Geringen, die Schwachen, die Fremden und Verachteten. Das ist seine »Sehschule«.

Und da spüren wird denn auch: Die Begegnung mit Jesus Christus ist nachher nicht zu Ende, wenn wir die Kirche wieder verlassen. Sie fängt nachher erst recht an. Denn dann sehen wir Jesus Christus stehen bei den türkischen Nachbarn in unserer Straße, an denen ich manchmal so hilflos und stumm vorbeigehe. Er macht mich auf sie aufmerksam. Und dann steht Jesus Christus bei den syrisch-orthodoxen Christen, die aus dem Nahen Osten zu uns geflohen sind, weil sie dort für ihren Glauben und ihre Lebensart keinen Raum mehr sahen. Er zeigt auf sie und macht mich aufmerksam auf die lange Geschichte ihres Leidens. Und dann steht Jesus Christus auch bei den fremden, dunkelhäutigen Kindern in unserer Schule, die ihrer Sprache wegen noch sehr hinterherhinken und manchmal auch wenig freundlich behandelt werden, von Kindern und Erwachsenen. Er zeigt auf sie und sagt mir: Wer ein solches Kind aufnimmt, nimmt mich auf. . .

Werden wir uns von Jesus Christus heilen lassen? Wer bei Jesus Christus in die »Sehschule« geht, der hat die gute Chance, seine Sehbehinderung ablegen zu können und einen weiten und offenen Blick zu bekommen.
Und wenn wir das neue, unbehinderte Sehen gelernt haben, werden wir die Welt in einem neuen Licht wahrnehmen, und wir werden spüren, daß durch die geweiteten Augen auch mehr Licht in unser Inneres fällt.

FÜRBITTEN

Du Gott und Vater aller Menschen, zu dir kommen wir und bitten um Frieden und Heil für alle Menschen:

- Wir sehen die hohe Verantwortung der politischen Parteien und der gesellschaftlichen Kräfte in unserem Land: Schenke ihnen deinen Geist und befähige sie, dabei mitzuwirken, daß alle Mitbürger die Lage der Flüchtlinge und der Fremden nüchterner und sorgfältiger wahrnehmen.
- Wir sehen unsere ausländischen Mitbürger, vor allem jene, die als Flüchtlinge in unser Land gekommen sind: Schenke ihnen deinen Geist und hilf ihnen, sich in der neuen Heimat zu Hause zu fühlen, aber auch das Wertvolle der eigenen Kultur zu bewahren.
- Wir sehen unsere Kirche, die weltumspannend und nicht an eine Kultur, Sprache und Hautfarbe gebunden ist: Schenke ihr deinen Geist, und befähige sie, Heimat zu sein für alle, die du zu ihr finden läßt.
- Wir denken an uns alle, die wir hier beisammen sind heute, und wir denken an alle, die zu unserer Gemeinde gehören: Schenke uns deinen Geist und weite unseren Horizont, daß wir allen, die unter uns wohnen, vorurteilslos begegnen können.

Herr und Gott, du bist in Jesus Christus zu uns gekommen, um die Mauern der Feindschaft niederzureißen und allen Zugang zu dir zu schenken. Die Gemeinschaft mit dir und untereinander gebe unserem Leben Freude und Kraft. So bitten wir durch Christus, unseren Herrn. Amen.

Wolfgang Schrenk

»Der Tiger, der König sein wollte«

Gottesdienst in der Friedensdekade

BEGRÜSSUNG UND EINFÜHRUNG

»Wenn die Staaten miteinander Frieden schaffen, dann bleibt Leben auf der Erde. Die Bäume und die Blumen können in Ruhe weiterwachsen, die Menschen und die Tiere können in Ruhe weiterleben.
Alles, was lebt, will keinen Krieg.
Warum wird er nur immer wieder geplant?
Herr, ich weiß es nicht.
Gib mir bitte eine Antwort!«

Das Gebet eines 12jährigen Schülers.
Eine Frage, auf die auch wir Erwachsenen keine Antwort wissen:
Warum wird der Krieg immer wieder geplant?
Warum können Menschen nicht in Frieden zusammenleben?
Warum können wir uns nicht verständigen und Kompromisse schließen?
Warum machen wir uns selbst das Leben so schwer?
Beten wir heute und in dieser Woche um den Frieden; lassen wir uns die Friedensbotschaft Jesu zu Herzen gehen; zeigen wir durch die Feier seines Mahles, daß wir mithelfen wollen, seinem Frieden in der Welt zum Durchbruch zu verhelfen.

KYRIE-RUF

GL 495/6 »Herr Jesus, du bist unser Friede«

LIEDVORSCHLÄGE

Gesang zur Eröffnung
GL 640,1–3 »Gott ruft sein Volk zusammen«

Gesang zum Evangelium
GL 624,1–3 »Auf dein Wort, Herr«

Gesang zur Gabenbereitung
GL 644,1–3.6 »Sonne der Gerechtigkeit«

Dankhymnus
GL 493,1–2.6.8 »Lob sei dem Herrn«

SCHRIFTTEXTE

Lesung: Jak 4,1–3;3,16–18

Evangelium: Mk 10,35–45

AUSLEGUNG

Geschichten und Fabeln haben eine seltsame Wirkung: Zunächst einmal lassen wir uns leicht ins Geschehen hineinziehen, weil es ja »nur« Geschichten und Fabeln sind, weil sie unsere Wirklichkeit nicht unmittelbar betreffen.
Aber dann, wenn wir uns einmal auf eine Geschichte eingelassen haben, entdecken wir plötzlich: das ist ja meine Geschichte, da geht es ja um mich.
So ist die folgende Fabel nicht nur ein schönes Beispiel, sondern ein flammender Appell, vor dem Krieg zur Vernunft zu kommen – vor dem ›Klein-Krieg‹ in Familie und Nachbarschaft, vor dem Krieg der Gruppen, Rassen und Völker:
Eines Morgens erwachte der Tiger im Dschungel und sagte zu seiner Frau, daß er der König der Tiere wäre.
»Der Löwe ist der König der Tiere«, sagte sie.
»Wir brauchen einen Wechsel«, sagte der Tiger, »die Dschungelbewohner schreien geradezu nach einem Wechsel.« Die Tigerin horchte, aber sie konnte keine Schreie vernehmen, außer denen der eigenen Nachkommenschaft.
»Ich werde König der Tiere sein, bevor der Mond wieder aufgeht«, sagte der Tiger. Dann tapste er durch den Dschungel, bis er

zur Höhle des Löwen kam. »Komm heraus«, brüllte er, »und grüße den König der Tiere!« »Welchen König der Tiere? Ich bin der König«, brüllte dagegen der Löwe, und er sprang heraus, um seine Krone zu verteidigen.
Es war ein schrecklicher Kampf, und er dauerte bis Sonnenuntergang. Alle Tiere des Dschungels beteiligten sich: die einen kämpften auf der Seite des Löwen, die anderen auf der Seite des Tigers, und manche wußten nicht, auf welcher Seite sie kämpften, oder sie kämpften für beide oder für den, der gerade am nächsten stand. Und einige kämpften nur um des Kampfes willen.
»Wofür kämpfen wir eigentlich?« fragte jemand das Erdschwein.
»Für die alte Ordnung«, antwortete dieses.
»Wofür sterben wir?« fragte jemand das Zebra.
»Für die neue Ordnung«, sagte dieses.
*Als der Mond aufging, schien er auf einen Dschungel, in dem sich nichts mehr regte, außer einem Papagei und einem Kakadu, die schrille Angstschreie ausstießen. Alle Tiere waren tot, nur der Tiger lebte noch, aber seine Tage waren sichtlich auch schon gezählt. Er war Herrscher über alles, was er überblicken konnte, aber das hatte nun keine Bedeutung mehr.**
Wenn wir uns zum Gottesdienst treffen, dann bekennen wir uns zu einem Gott, der allen Menschen die gleiche Würde zugesprochen hat, den wir Vater nennen, und vor dem wir deshalb als Schwestern und Brüder leben wollen.
Wenn wir uns zum Gottesdienst treffen, dann halten wir die Erinnerung wach an Jesus von Nazaret, der den Kampf ums Besser-Sein-wollen abgelehnt hat, der in die Spirale von Gewalt und Unterdrückung nicht eingestiegen ist, der nicht Herrscher, sondern Diener sein wollte.
Wenn wir uns zum Gottesdienst treffen, dann erbitten wir für uns den Geist Jesu, der uns im anderen den Partner und nicht den Gegner erkennen hilft, der uns die Sinnlosigkeit der Machtkämpfe entdecken hilft, der uns zur Versöhnung und zum Frieden antreibt.
Wenn wir uns zum Gottesdienst treffen,dann beten wir, »Führe uns nicht in Versuchung!« – in die Versuchung des Tigers, der König sein wollte, und der damit alles Leben zerstört hat.

* nach W. Hoffsümmer, Kurzgeschichten 3, Mainz [4] 1990, 102 f.

FÜRBITTEN

Laßt uns beten zum Gott und Vater aller Menschen der allein die Welt zum Frieden führen kann:

- Für alle, die unter den Völkern Einfluß haben und Macht ausüben: um die Kraft, Auswege aus dem Krieg und Wege zum Frieden zu suchen.
  (Herr, schenke uns Frieden.)
- Für alle, die die Folgen von Krieg und Haß am eigenen Leib verspüren müssen: um ein Ende ihrer Leiden.
- Für alle, die an den Gott des Friedens glauben: um gemeinsame Hoffnung auf ihn und um Gemeinschaft miteinander in seinem Namen.
- Für uns selber, die wir allein hilflos sind gegenüber der Bedrohung unserer Welt: um den Beistand des Geistes Gottes, um Hellhörigkeit für seinen Anruf und um die Kraft zum Frieden mit allen Menschen.

Gott, unser Vater. Um deinen Frieden zu bringen in unsere Welt voll Spannung und Streit, ist dein Sohn zu uns gekommen und hat sein Leben eingesetzt. Er lebte nicht für sich, sondern gab sich dahin. Laß uns erfassen, was er getan hat. Hilf uns, mit ihm dem Frieden und der Versöhnung zu dienen. Darum bitten wir durch ihn Jesus Christus, unseren Herrn.

Wolfgang Raible

»Mehr als Worte sagt ein Lied«

Gottesdienst in einer Woche der Kirchenmusik

BEGRÜSSUNG UND EINFÜHRUNG

»Erklären können wir's nicht, schweigen aber dürfen wir nicht – also laßt uns singen!«
So lädt der heilige Augustinus seine Gemeinde ein, ihren Glauben zu feiern und Gott durch Gesänge und Lieder zu loben. »Erklären können wir's nicht« – Beweise haben wir keine für unseren Glauben,
- daß wir Gott und nicht dem Zufall unser Leben verdanken;
- daß dieser Gott uns im Menschen Jesus von Nazaret ganz nahe gekommen ist;
- daß er überall dort am Werk ist, wo jemand vesucht, im Geist Jesu zu leben.

»Erklären können wir's nicht, schweigen aber dürfen wir nicht«,
- weil wir spüren, daß die Kraft, aus der wir leben, nicht unsere eigene ist;
- weil wir davon überzeugt sind, daß uns durch Jesus eine neue Lebensmöglichkeit geschenkt ist;
- weil wir selbst schon erfahren haben, daß ein Leben im Geist Jesu sinnvolles Leben ist.

»Erklären können wir's nicht, schweigen aber dürfen wir nicht – also laßt uns singen!«
Laßt uns unseren Dank und unsere Bitten, unsere Freude und unsere Hoffnungen im Lied vor Gott bringen. Laßt uns singen, damit die vielen Gefangenenchöre dieser Welt das Lied der Freiheit lernen.

KYRIE-RUF

GL 522 »Jesus Christus, für uns als Mensch geboren«

LIEDVORSCHLÄGE

Gesang zur Eröffnung
GL 270 »Kommt herbei, singt dem Herrn«

Gesang zum Evangelium
Gl 262 »Nun singt ein neues Lied dem Herren«

Gesang zur Gabenbereitung
GL 277 »Singet, danket unserm Gott«

Dankhymnus
GL 268 »Singt dem Herrn ein neues Lied«

SCHRIFTTEXTE

Lesung: Eph 5,15–20

Evangelium: Joh 15,9–12

AUSLEGUNG

Ein singender Glaube

Es gibt nur zwei Stellen im Neuen Testament, die das Singen der Christen erwähnen – eine davon haben wir eben gehört. Ich möchte diese Gelegenheit nützen und mit ihnen darüber nachdenken, warum Glaube und Singen eng zusammengehören.
Auf die Frage: »Woran erkennt man die Christen?« hat der römische Schriftsteller Plinius im 2. Jahrhundert eine ganz einfache, aber doch interessante Antwort gegeben: Das Kennzeichen der Christen sei es, so sagt er, daß sie »ihrem Gott Christus Lieder singen«. Und Sie alle werden wohl zustimmen, daß singen und musizieren bis heute zu den wichtigsten und schönsten Ausdrucksformen des christlichen Glaubens gehören. Der Grund dafür liegt sicher nicht nur in den strengen Bestimmungen, mit denen man früher die Qualität der Kirchenmusik sichern wollte. So hat z. B. der heilige Kolumban an der Schwelle zum Mittelalter für seine Mönchsgemeinschaft folgende Regel aufgestellt: »Wer am Beginn eines Psalms hustet und nicht gut singt, werde mit sechs Schlägen bestraft!« Harte Erziehungsmaßnahmen – aber sicher haben wir es nicht ihnen zu verdan-

ken, daß das Singen das Markenzeichen des Christentums geblieben ist.
Wer glaubt, kann im Grunde genommen gar nicht anders als singen, denn: *Singen ist eine Steigerung des Sprechens.*
So, wie der Glaube den ganzen Menschen ergreifen will, so umfaßt auch das Singen alle menschlichen Kräfte und Schichten – Leib, Seele und Geist sind angesprochen und beansprucht, wenn wir singen. »Wer singt, betet doppelt«, sagt Augustinus und meint damit, daß durch unser Singen die Grenzen des nur gesprochenen Wortes überwunden werden.
»Mehr als Worte sagt ein Lied«, haben wir gesungen, weil die Musik nicht nur den Verstand, sondern auch den emotionalen Bereich des Menschen erreicht; weil sie Worte ausdeuten und vertiefen kann; weil unsere Sprache nicht ausreicht, um Gottes Willen in der Welt auszudrücken.
Wer glaubt, kann im Grunde gar nicht anders als singen, denn: *Singen ist ein Zeichen des Friedens.*
Unser Glaube beinhaltet die Verheißung des Friedens – und gemeinsames Singen kann uns ein Gespür für diesen Frieden vermitteln. Viele einzelne, die sich auf eine Melodie einschwingen und in einen Rhythmus einfügen, werden zu einer Gemeinschaft. Wenn die Kirchenväter die Einheit der Gemeinde trotz der Vielfalt der Gläubigen beschreiben wollten, dann haben sie von ›Symphonie‹ gesprochen, von Zusammenklang – lange bevor dieses Wort in der Musik eine Bedeutung bekam.
»Wo man singt, da laß dich ruhig nieder«, sagt ein Sprichwort und greift die Erfahrung auf, daß Singen und Musizieren friedenstiftende Kräfte freisetzen.
Eine singende Gemeinde – ein kleines Zeugnis für den Friedenswillen Gottes.
Wer glaubt, der kann im Grund gar nicht anders als singen, denn: *Singen ist ein Ausdruck der Lebensfreude.*
Wer ein Evangelium, eine frohe Botschaft vernommen hat, und wer diese Botschaft nicht für sich behalten will, der muß davon singen. Wer daran glaubt, daß er als erlöster und befreiter Mensch leben darf, der muß seine Freude in die Welt hineinspielen und – singen.
»Bessere Lieder müßten sie mir singen, daß ich an ihren Erlöser glauben lerne; erlöster müßten mir seine Jünger aussehen«, fordert Friedrich Nietzsche nicht zu Unrecht von uns Christen. Eine

Gemeinde, in der lebendig gesungen und musiziert wird, läßt auf einen überzeugten Glauben schließen und kann andere auf das Geheimnis unserer Lebensfreude neugierig machen. Der Verfasser des Epheserbriefs bittet: »Laßt in eurer Mitte Psalmen, Hymnen und Lieder erklingen, wie der Geist sie eingibt!« Wer sich den Eingebungen des Geistes öffnet, wer sich be-geistern läßt für ein Leben im Sinn Jesu, der muß einfach singen, der braucht mehr als Worte. »Singt und jubelt aus vollem Herzen zum Lob des Herrn!« Wem der Glaube an einen befreienden Gott unter die Haut und zu Herzen geht, dem öffnet sich von selbst der Mund zum Singen. Sie alle, die ganze singende Gemeinde, die Sängerinnen und Sänger in den Chören und in der Schola, alle Kantoren, Organisten und Instrumentalisten tragen dazu bei, daß unser Glaube Klang, Farbe und Dynamik behält.
Und was ich neulich von einem Kollegen erfahren habe, wird bei uns hier sicher nicht passieren: Ein Gemeindemitglied, das zwar immer sehr laut, aber selten richtig gesungen hatte, kam plötzlich nicht mehr zum Gottesdienst. Auf die Frage nach dem Grund kam die Antwort: »Als ich neulich die Grippe hatte, hat sich jemand erkundigt, ob jetzt die Orgel repariert worden sei!« In unserer Gemeinde gibt es nur gute Sängerinnen und Sänger. Deshalb: Singen Sie frisch und kräftig – zum Lob Gottes und zu Ihrer eigenen Freude!

FÜRBITTEN

Herr, du hast uns zur Freude berufen. Die Arbeit allein kann uns nicht ausfüllen. Darum gib du uns Sinn für die Freude, für Fest und Feier, für Spiel und Erholung, für Bildung und Kunst, für das Zusammensein mit Menschen, die wir lieben, die uns erwarten, die unsere Nähe brauchen.
Herr, du hast uns zur Freude berufen; vollende unsere Freude in dir.

(GL 30/3, gemeinsam beten.)

Wolfgang Raible

Regenschirm und Gemeinde

Gottesdienst aller ehrenamtlichen Mitarbeiterinnen und Mitarbeiter am Fest des heiligen Johannes Bosco

BEGRÜSSUNG UND EINFÜHRUNG

Es ist ein schöner Zufall, daß unser »Engagierten-Treff« auf das Fest des heiligen Don Bosco fällt.
Schon als Junge hat es dieser große Heilige des letzten Jahrhunderts geschafft, andere für das zu begeistern, was ihm selbst wichtig war, andere durch ungewöhnliche Ideen für ein Engagement in der Kirche zu gewinnen: Mit Zirkuskunststückchen lockt er die Dorfjugend seines Heimatortes in die Kirche. Mitschüler lädt er in den »Club der Fröhlichen« ein, den er an seinem Gymnasium gründet. Das sonntägliche Treffen dieses Clubs gestaltet er mit Spielen, Liedern und Bibelgesprächen. Später – als Priester – sammelt er in den Armenvierteln Turins verwahrloste Kinder, arbeitslose Jugendliche und Waisen und bildet aus ihnen eine muntere Gemeinschaft. Bei seinem Tod 1888 betreuen seine Mitarbeiter in 250 Heimen etwa 130 000 Jugendliche. Das Ziel seiner Jugendarbeit war, jedem ein Stück Verantwortung für alle zu übertragen. Die älteren Jugendlichen wußten, daß sie Vorbilder für die Kleinen sein sollten, und bei den vielen Festen, die in seinen Häusern gefeiert wurden, hatte auch jeder der Kleinen eine Aufgabe.
Don Bosco
- ein Heiliger, der andere mit seiner Fröhlichkeit ansteckt,
- ein Heiliger, der Verantwortung auf viele Schultern verteilt und so lebendige christliche Gemeinschaft bildet;

Don Bosco
- ein Mann, der auch einer Gemeinde des 20. Jahrhunderts interessante Impulse geben kann.

KYRIE-RUF

GL 495/7 »Herr Jesus, du rufst die Menschen«

LIEDVORSCHLÄGE

Gesang zur Eröffnung
GL 474,1–3 »Nun jauchzet dem Herren, alle Welt«

Gesang zum Evangelium
GL 272 »Singt das Lied der Freude«

Gesang zur Gabenbereitung
GL 277 »Singet, danket unserm Gott«

Dankhymnus
GL 267, 1–4 »Nun danket all und bringet Ehr«

SCHRIFTTEXTE

Lesung: Phil 4,4–9

Evangelium: Mt 18,1–5

AUSLEGUNG *(mit einem Regenschirm)*

Wenn Don Bosco seinen Jugendlichen und seinen Mitarbeitern Anweisungen gibt, wenn er ihnen etwas Wichtiges ans Herz legen will, dann verpackt er das immer in eine nette Geschichte, in ein kleines Theaterstück – oder in ein Rätsel. So vermeidet er das Moralisieren und weckt die Neugierde. Deshalb heute an seinem Festtag auch ein kleines Rätsel:
Was hat dieser Schirm mit unserer Gemeinde zu tun?
Wahrscheinlich fallen Ihnen die verschiedensten Antworten ein, lustige und ernste. Ich verbinde mit diesem Schirm einen Dank, eine Hoffnung und eine Bitte.

- Ein Schirm kann seinen Zweck nur dann erfüllen, wenn er sich entfaltet, wenn er sich öffnet, wenn er aufgeht *(Schirm aufmachen)*. Sie alle bringen Ihre Talente zur Entfaltung und stellen sie in den Dienst der Gemeinde; Sie helfen mit, daß unsere Gemeinde sich öffnet; daß sie zu einer offenen, einladenden Gemeinde werden kann; Sie setzen sich dafür ein, daß Kinder, Jugendliche und Erwachsene einen Zugang zum Glauben finden und ihrerseits ihre Fähigkeiten entfalten können. Im Namen der ganzen Gemeinde möchte ich mich bei Ihnen für Ihr Engagement herzlich bedanken.

- Ein Schirm ist nicht Selbstzweck, er ist nicht um seiner selbst willen da – seine Aufgabe ist es, Menschen zu beschirmen, zu beschützen. Das ist auch meine Hoffnung für unsere Gemeinde und für die verschiedenen Gruppen innerhalb unserer Gemeinde: daß wir uns immer wieder bewußt machen, was unsere Aufgabe ist – Geborgenheit und Schutz anzubieten; daß wir uns gegenseitig daran erinnern, wer der »Schirm-Herr« ist – Jesus, dessen helfende Worte und Taten durch uns lebendig bleiben sollen; daß wir nicht um uns selbst kreisen, sondern unsere Aktivitäten als Hilfsmittel verstehen, um auf den »Schirm-Herrn« selbst hinzuweisen.
- Ein umgedrehter Schirm sieht aus wie ein Sprungtuch, ein Auffangbecken *(Schirm umgedreht in eine Vase stellen)*. Das wäre meine Bitte: Helfen Sie weiter mit, daß diejenigen aufgefangen werden, die fallen und Rettung brauchen. Behalten Sie einen wachen Blick dafür, in welchen Situationen und an welchen Orten wir als Gemeinde unser Sprungtuch aufspannen müssen.

Dank, Hoffnung und Bitte – verpackt im Bild ›Schirm‹; eine geöffnete Gemeinde, eine auf ihren »Schirm-Herrn« hin transparente Gemeinde, eine stützende und auffangende Gemeinde. Ich wünsche uns, daß uns ab und zu kleine Schritte gelingen, die unsere Gemeindewirklichkeit diesem Bild ein Stück näher bringen; daß viele bei uns eine Heimat finden – Senioren und kleine Knirpse.

(Nach einer Idee von W. Hoffsümmer)

FÜRBITTEN

Mit drei Sätzen von Don Bosco möchte ich Sie zu einem stillen Fürbittgebet einladen.

- »Wer Gutes tun will, muß ein wenig Mut haben und bereit sein, jede Verdemütigung auf sich zu nehmen, darf aber keinem eine solche zumuten und muß immer gütig sein.«
  (GL 358/3 »Lasset zum Herrn uns beten«)

- »Jeder Augenblick ist kostbar! Leben wir deshalb so, als müßten wir täglich sterben!«
- »Das Wichtigste ist, im anderen die guten Anlagen zu entdecken und für deren Entwicklung zu sorgen.«

Wolfgang Raible

VERZEICHNIS DER VERWENDETEN SCHRIFTTEXTE

MITARBEITER

Rainer Bareis
Dipl. theol., Heilbronn

Anton Bauer
Pfarrer, Stuttgart

Josef Birk
Studentenseelsorger, Esslingen

Klaus Braden
Pfarrer, Nattheim

Rainer Götz
Pfarrer, Nürtingen

Thomas Keller
Pfarrer, Ulm

Heinrich Klöpping
Pfarrer, Großbottwar

Dieter Müller
Pfarrer, Stuttgart

Wolfgang Raible
Pfarrer, Tübingen

Wolfgang Schrenk
Pfarrer, Heilbronn

Wolfgang Tripp
Pfarrer, Esslingen

Werktagsgottesdienste – gefeiert als Wortgottesdienste, Andachten, Gebetszeiten, Eucharistiefeiern – sind Orte und Gelegenheiten, die Kluft zwischen Werktag und Sonntag, zwischen Gottes- und Weltdienst, zwischen heilig und profan zu schließen und Brücken zu bauen für christliche Haltungen, die sich an den Worten und am Tun Jesu orientieren. Sie bieten die Chance, Themen, Zusammenhänge, Einstellungen und Getalten des Kirchenjahres aufzugreifen und mit ihrer Hilfe All-Tägliches und Nicht-All-Tägliches zu deuten und zu feiern. Diese Sammlung umfaßt Anregungen für Gottesdienste in der Advents- und Fastenzeit, für die Feier der Pfingstnovene, für Herz-Jesu-Freitage und für unterschiedliche Themen und Anlässe, die in der jeweiligen Situation »ins Gebet nehmen«, was Menschen bewegt, bedrückt, beglückt oder bestärkt.